SOUS LE SOLEIL JAGUAR

Italo Calvino avait projeté un livre de récits groupés sous le titre : *Les Cinq Sens.* Il n'aura eu le temps d'en écrire que trois. Ce sont donc ces textes qui sont ici réunis : variations narratives sur l'odeur, le goût, l'ouïe.

On y verra le client fin-de-siècle d'une parfumerie des Champs-Élysées à la recherche d'un parfum unique, qui est surtout celui d'une non moins unique et mystérieuse femme entrevue masquée à un bal ; un couple en voyage au Mexique, qui couple ne l'est peut-être plus que par sa façon de communier dans des nourritures exotiques, au fond desquelles rôde le souvenir (le vœu ?) de l'anthropophagie ; un roi qui, par prudence, ne quitte plus son trône et ne connaît de son royaume que les bruits qui en montent, de plus en plus étendus, de plus en plus complexes, jusqu'à lui. Chacun, en somme, en proie à une perte qu'il tente de récupérer par un sens. En sorte que, chaque fois, l'humour de Calvino lutte ici avec une menace.

D'origine ligurienne, Italo Calvino (La Havane, 1923 ; Sienne, 1985) a fait son entrée en littérature immédiatement après la guerre avec des récits sur la résistance italienne (Le Sentier des nids d'araignées, *puis* Le corbeau vient le dernier). *Prodigieusement intelligent, toujours ironique, inventeur lyrique ne cessant de trouver des figures pour ce à quoi il revenait toujours, l'écriture, il a ensuite publié : sous le titre collectif de* Nos ancêtres, *trois romans*

(Le Vicomte pourfendu, Le Baron perché, Le Chevalier inexistant) *; les nouvelles de* Marcovaldo *; des récits sur l'Italie moderne* (Aventures, La Spéculation immobilière, La Journée d'un scrutateur) *; des fictions entées sur la science* (Cosmicomics, Temps zéro), *sur les tarots* (Le Château des destins croisés), *sur la ville* (Les Villes invisibles) *; un grand roman sur le lecteur de romans* (Si par une nuit d'hiver un voyageur), *un autoportrait ironique* (Palomar). *Il était également un essayiste aigu dont les interventions ont été recueillies dans* La Machine littérature *et dans* Collection de sable. *Ont été publiés à titre posthume :* Sous le soleil jaguar, Leçons américaines, La Route de San Giovanni, Pourquoi lire les classiques *et* La Grande Bonace des Antilles.

Italo Calvino

SOUS LE SOLEIL JAGUAR

RÉCITS

Traduits de l'italien
par Jean-Paul Manganaro

Éditions du Seuil

TEXTE INTÉGRAL

TITRE ORIGINAL
Sotto il sole giaguaro
ÉDITEUR ORIGINAL
Garzanti Editore s.p.a., Milan, 1986

ISBN 2-02-032130-0
(ISBN 2-02-011466-6, édition brochée
ISBN 2-02-013451-9, 1re publication poche)

Le nom, le nez

Comme autant d'épigraphes en un alphabet indéchiffrable, dont la moitié des lettres auraient été effacées par le polissage du vent chargé de sable, c'est ainsi que vous serez, parfumeries, pour l'homme sans nez de l'avenir. Vous nous ouvrirez encore de silencieuses portes vitrées, et sur les tapis vous amortirez nos pas, vous nous recevrez dans vos espaces d'écrins, dépourvus d'angles, parmi les revêtements en bois laqué des parois, vendeuses et directrices hautes en couleur et bien en chair comme des fleurs artificielles nous frôleront encore de leurs bras potelés armés de vaporisateurs ou de l'ourlet de leur jupe lorsque, sur la pointe des pieds, elles grimperont au sommet des tabourets : mais les flacons les burettes les ampoules à bouchons de verre taillés en facettes ou en pointe continueront en vain à nouer, d'un étalage à l'autre, le réseau de leurs accords de leurs consonances de leurs dissonances contrepoints modulations et progressions : nos sourdes narines ne saisiront plus les notes de la gamme : les arômes musqués ne se distingueront plus des cédrats, l'ambre et le réséda, la bergamote et le benjoin resteront muets, scellés dans le sommeil tranquille des flacons. Oublié l'alphabet de l'odorat, qui en faisait autant de vocables, d'un lexique précieux, les parfums demeureront sans paroles, inarticulés, illisibles.

Bien différentes étaient les vibrations qu'une grande parfumerie parvenait à susciter dans l'esprit d'un homme du monde : comme au temps où, sur les Champs-Élysées, mon fiacre, par une brusque tension des rênes, s'arrêtait devant une enseigne connue, et je descendais en toute hâte, entrais dans la galerie pleine de miroirs, laissant choir tout à la fois cape haut-de-forme canne et gants entre les mains des filles accourues aussitôt pour s'en saisir, et volant presque sur ses falbalas Madame Odile venait à ma rencontre : « Monsieur de Saint-Caliste ! Quel bon vent vous amène ? Dites-moi, en quoi pouvons-nous vous être utile ? Une eau de Cologne ? Une essence de vétiver ? Une pommade à friser les moustaches ? Une lotion qui redonne à vos cheveux leur véritable couleur d'ébène ? Ou bien », et elle flabellait des cils, esquissant sur ses lèvres un sourire malicieux, « s'agit-il d'un ajout à la liste des cadeaux que chaque semaine mes garçons de courses remettent avec discrétion en votre nom à des adresses illustres ou obscures aux quatre coins de Paris ? D'une nouvelle conquête que vous allez confier à votre fidèle Madame Odile ? »

Et, comme je me taisais écrasé par l'agitation et me tordais les mains, les filles commençaient à se démener autour de moi : l'une ôtait le gardénia de ma boutonnière pour que sa fragrance bien que faible ne troublât pas la perception des parfums, l'autre extrayait de ma pochette le mouchoir de soie pour qu'il fût prêt à recevoir les gouttes des échantillons entre lesquels j'aurais à choisir, une troisième vaporisait d'eau de rose mon gilet pour neutraliser l'odeur de cigare, une quatrième badigeonnait mes moustaches de laque inodore pour qu'elles ne soient pas imprégnées des diverses essences qui étourdiraient mes narines.

Et la dame : « Je vois, c'est une passion ! Je m'y attendais depuis longtemps, monsieur ! Vous ne pouvez rien me cacher ! Est-ce une grande dame ? Une reine de la Comédie ? Des Variétés ? Ou bien, avez-vous glissé de façon inattendue en plein sentiment au cours d'une excursion insouciante dans le demi-monde ? Mais, tout d'abord, dans quelle série la classeriez-vous : est-ce une dame à *jasminacés*, à *fruités*, à *pénétrants*, à *orientaux* ? Dites-moi, *mon chou** !

Et une des vendeuses, Martine, me titillait déjà le dessous de l'oreille avec son doigt mouillé de patchouli (tout en poussant sous mon aisselle l'aiguillon de son sein), et Charlotte m'offrait à sentir un de ses bras parfumé au cassier (c'est grâce à ce système que j'avais d'autres fois parcouru un échantillonnage entier étalé sur son corps), et Sidonie soufflait sur ma main pour que s'évapore la goutte d'églantine qu'elle y avait déposée (entre ses lèvres apparaissaient de petites dents dont je connaissais bien les morsures), et une autre que je n'avais jamais vue, une nouvelle petite jeune fille (et, soucieux que j'étais, je ne l'effleurai que d'un pinçon distrait), me visait en serrant la poire d'un vaporisateur comme si elle m'invitait à une escarmouche amoureuse.

« Non, madame, ce n'est point cela, ma foi, parvins-je à dire. Ce que je dois trouver ce n'est pas le parfum qu'il

---

* Les expressions en italique suivies d'un astérisque sont en français dans le texte original. (*N. d. T.*)

faut à une femme que je connais ! Ce que je cherche, c'est la femme : une femme dont je ne connais que le parfum ! »

C'est dans de tels moments que le génie méthodique de Madame Odile donne le meilleur de lui-même : un ordre mental rigoureux permet seul de régner sur un monde d'effluves impalpables. « Procédons par exclusion, dit-elle devenant sérieuse. Sent-il la cannelle ? Contient-il de la civette ? Est-il violacé ? amandé ? »

Mais comment pouvais-je décrire par des mots la sensation languissante et féroce que j'avais éprouvée le soir précédent au bal masqué lorsque ma mystérieuse compagne de valse avait d'un geste paresseux laissé glisser le châle de crêpe qui séparait son épaule blanche de mes moustaches et qu'un nuage sinueux strié avait agressé mes narines comme si j'avais été en train d'aspirer l'âme d'une tigresse ?

« C'est un parfum différent, croyez-moi, qui ne ressemble à aucun de ceux que vous m'ayez jamais proposés, Madame Odile ! »

Les jeunes filles grimpaient déjà aux plus hautes étagères, se passaient avec précaution des fioles fragiles, les débouchaient une seconde à peine comme en craignant que l'air ne contaminât les essences qui y étaient précieusement conservées.

« Cet héliotrope, m'informa Madame Odile, il n'y a que quatre femmes à l'utiliser dans tout Paris : la duchesse de Clignancourt, la marquise de Ménilmontant, la femme du fabricant des fromages de Coulommiers et sa maîtresse... Ce palissandre je le reçois tous les mois exprès pour l'ambassadrice du tsar... Et voici un pot-pourri que je prépare sur commande pour deux clientes uniquement : la princesse de Baden-Holstein et la courtisane Carole...

Quant à cette armoise je me souviens de chacune des dames qui l'ont achctée une fois mais pas une deuxième : il semble qu'elle ait sur les hommes un influx déprcssif. »

C'était justement cela que je demandais à l'expérience précise de Madame Odile : donner un nom à une commotion de l'odorat que je ne parvenais ni à oublier ni à retenir dans ma mémoire sans que lentement elle s'estompât. Je devais me hâter : les parfums de la mémoire eux aussi s'évaporent : chaque nouvel arôme que l'on me faisait sentir, en même temps qu'il s'imposait comme différent, éloigné de celui que je cherchais de façon irréductible, rendait par sa présence arrogante plus vague le souvenir du parfum absent, le réduisait à n'être plus qu'une ombre. « Non, plus aigu... c'est-à-dire plus frais... non, plus dense... » Je me perdais dans ces va-et-vient sur l'échelle des odeurs, je ne savais plus discerner la direction dans laquelle poursuivre mon souvenir, je savais seulement qu'en un point de la gamme un vide s'ouvrait, un pli caché où se nichait ce parfum qui était pour moi toute une femme.

Et n'était-ce pas ainsi que je faisais du temps que la savane la forêt le marais étaient un réseau d'odeurs et nous courions tête baissée sans perdre le contact avec le sol, nous aidant des mains et du nez pour trouver le chemin, et tout ce qu'il nous fallait comprendre nous le comprenions par le nez avant que par les yeux, le mammouth le hérisson l'oignon la sécheresse la pluie sont tout d'abord des odeurs qui se détachent des autres odeurs ce qui est bon à manger et ce qui ne l'est pas notre ennemi la caverne le danger tout est perçu d'abord par le nez, le monde est tout nez, notre monde est le nez, c'est par le nez que nous autres du troupeau savons qui fait partie du troupeau et qui n'y appartient pas, les femelles du troupeau ont une odeur qui est l'odeur du troupeau, et chaque femelle a en plus une odeur qui la distingue des autres femelles, entre nous et elles il n'y a pas à première vue de grandes différences, nous sommes tous faits de la même façon et à quoi bon d'ailleurs demeurer là à regarder, l'odeur oui par contre elle est pour chacun différente, l'odeur vous dit aussitôt sans défaut ce qu'il est nécessaire de savoir, il n'est pas de mots ni d'informations plus précises que ceux que le nez reçoit. Par le nez je m'étais aperçu qu'il y avait dans le troupeau une femelle différente des autres, différente des autres pour moi pour mon nez, et je courais en suivant sa trace dans l'herbe, explorant de mon nez toutes les femelles qui couraient devant moi et mon nez dans le troupeau, et voilà que je l'ai trouvée voilà c'était elle qui m'avait appelé de son odeur parmi toutes les autres odeurs voilà avec mon nez je l'aspire toute et son appel à l'amour. Le troupeau se déplace sans répit court trotte et quand le troupeau s'arrête dans sa course voilà que tous se retrouvent les uns sur les autres et vous piétinent et brouillent votre nez de leurs odeurs, moi qui suis monté sur elle on nous pousse à présent on nous renverse ils montent tous sur elle sur moi toutes les femelles me flairent, tous et toutes s'entremêlent avec leurs odeurs qui n'ont rien à faire avec l'odeur que je sentais avant et ne sens plus maintenant, attends que je la cherche, je cherche sa piste à elle dans l'herbe piétinée poussiéreuse, je flaire, je flaire toutes les femelles elle je ne la reconnais plus désespéré je me fraie un chemin à travers le troupeau pour la chercher le nez levé.

D'ailleurs en ce moment où je me réveille dans l'odeur de l'herbe et tourne la main pour faire zlwan zlwan zlwan à l'aide du balai sur le tambour et reprendre le tlann tlan tlin de Patrick sur les quatre cordes, parce que je crois être encore en train de jouer She knows and I know et qu'il n'y avait au contraire que Lenny tout seul en sueur qui se donnait à fond avec ses douze cordes, et une des filles venues de Hampstead agenouillée plus bas en train de lui faire des choses pendant qu'il jouait ding bong dang iang et tous les autres étaient éméchés y compris moi net rétamé la batterie écroulée sans même que je m'en aperçoive, je cherche de la main à mettre à l'abri les tambours pour qu'on ne me les défonce pas, ces choses rondes que dans l'obscurité je vois blanches, j'allonge la main et je touche de la chair à l'odeur on dirait une chair chaude de fille, je cherche dans l'obscurité les tambours qui ont roulé là par terre mêlés aux canettes de bière, mêlés à tous ceux qui ont roulé par terre nus au milieu des cendriers renversés le derrière bien chaud à l'air et dire qu'il ne fait pas si chaud que ça pour dormir nu par terre, d'accord on est nombreux à être enfermés là-dedans depuis qui sait combien d'heures mais le poêle à gaz il faut y mettre d'autres pennies il est éteint et pue un point c'est tout, et parti comme je l'étais je m'éveille avec sur la peau cette sueur gelée c'est la faute à cette saleté qu'ils nous ont fait fumer ceux qui nous ont amenés dans cet endroit puant du côté des docks avec l'excuse qu'on pouvait faire ici tout le bruit qu'on veut toute la nuit sans rameuter derrière nous la flicaille habituelle et puis il fallait bien aller quelque part après qu'on nous a jetés dehors du local de Hammersmith, en vérité c'était parce qu'ils voulaient se taper ces filles nouvelles qui nous ont suivis depuis Hampstead et nous n'avons pas même eu le temps de voir qui elles étaient ni comment, parce que nous on se traîne derrière toujours un tas de filles là où on va jouer, et surtout quand Robin attaque Have mercy, have mercy of me elles entrent dans un tel état qu'elles veulent tout de suite faire des choses et alors ce sont tous les autres qui commencent pendant que nous nous sommes là en train de jouer trempés de sueur et moi de me défoncer avec la batterie hop-zum hop-zum hop-zum, et eux en dessous, Have mercy, have mercy of me, ma-am, et encore ce soir on n'a rien de rien fait avec ces filles qui sont pourtant des groupies de notre groupe et logiquement c'est nous qui devrions nous les faire pas les autres.

Et maintenant je me lève pour chercher cette saleté de poêle y mettre des pennies et le faire marcher, j'avance et je foule de la plante des pieds les cheveux les fesses les guitares les mégots les canettes de bière les tétons les verres de whisky renversés sur la moquette quelqu'un a même dû y vomir, mieux vaut que je me mette à quatre pattes au moins je vois où je marche et d'ailleurs je n'arrive pas à tenir debout, et puis là je reconnais les gens à l'odeur, nous autres avec toute la sueur qui nous colle à la peau on se reconnaît tout de suite des autres qui puent seulement de leur saleté d'herbe et de leurs cheveux sales, et même les filles ce n'est pas qu'elles se lavent beaucoup mais leurs odeurs se mélangent un peu aux autres odeurs un peu les séparent des autres et on rencontre de temps en temps des odeurs particulières sur ces filles et ça vaut la peine de les sentir, par exemple dans les cheveux quand ce sont de ces cheveux qui n'absorbent pas trop la fumée et puis logiquement à d'autres endroits, ainsi j'allais en traversant sentant quelque peu ces odeurs de filles endormies quand à un moment donné je m'arrête.

Je veux dire il est difficile de sentir vraiment l'odeur de la peau d'une fille surtout si on est si nombreux entassés et pourtant là moi voilà que je sens sous moi une peau certainement blanche de fille, une odeur blanche avec cette force particulière du blanc, une odeur légèrement piquetée de peau probablement pigmentée de taches de rousseur toutes fines invisibles peut-être, une peau qui respire comme les pores des feuilles respirent les prés, et toute la puanteur qu'il y avait là autour s'arrête à distance de cette peau disons à deux centimètres ou peut-être rien qu'à quelques millimètres, parce que entre-temps je me mets à respirer de partout cette peau à elle qui dort la tête cachée dans ses bras, ses cheveux probablement roux longs sur les épaules sur le dos, ses longues jambes étendues fraîches dans le creux derrière les genoux, à présent oui je respire et ne sens rien d'autre qu'elle, et elle qui doit avoir senti en dormant que je suis en train de la sentir elle ne doit pas être contre parce qu'elle se relève sur ses coudes en restant tournée vers le bas et moi de l'aisselle je passe à sentir comment est vers le bas son sein jusqu'à la pointe, et puisque je me suis placé logiquement un peu à cheval il me vient naturellement de pousser dans le sens où je me sens entraîné à le faire et où je sens qu'elle aussi est entraînée et ainsi dormant à moitié on peut trouver la manière de nous disposer en sorte que nous nous trouvons en accord sur comment me mettre moi et comment se mettre au mieux elle maintenant.

Le froid que jusque-là nous n'avons pas senti nous le sentons après et moi je me souviens que j'allais mettre les pennies dans le poêle et je me relève et me détache de l'îlot de son odeur je continue ma traversée au milieu de ces corps inconnus au milieu d'odeurs incompatibles ou même répugnantes, je cherche dans les affaires des autres si j'y trouve quelques pennies, je cherche le poêle en suivant la puanteur du gaz et je le fais marcher plus essoufflé et puant que jamais, je cherche les cabinets en suivant leur puanteur de cabinets et je pisse là en tremblant dans la lueur grise du matin qui coule d'une petite fenêtre, je reviens dans le noir dans le renfermé dans l'haleine des corps, je dois à présent traverser de nouveau pour retrouver cette fille dont je ne connais rien d'autre que l'odeur, c'est difficile de chercher dans le noir et puis même si je la voyais comment faire pour savoir si c'est elle je ne connais rien d'autre que son odeur, alors j'avance en humant les corps étalés par terre et quelqu'un me lance Fuck off et me donne un coup de poing, ce local est fait d'une drôle de façon il semble y avoir plein de pièces avec des gens allongés dedans, moi l'orientation je l'ai perdue je ne l'ai jamais eue, ces filles-là ont d'autres odeurs, certaines pourraient très bien être elle sauf que l'odeur n'est plus la même, et pendant ce temps Howard s'est réveillé il est déjà là avec sa basse et reprend Don't tell me I'm through, moi j'ai l'impression d'avoir déjà fait tout le tour mais où est-elle allée se fourrer, au milieu de toutes ces filles qu'on commence à apercevoir dans la lumière qui pénètre, mais ce que je veux sentir je ne le sens pas, je suis là en train de tourner en rond comme un idiot et ne la retrouve pas, Have mercy, have mercy of me, je passe entre une peau et l'autre cherchant cette peau perdue qui ne ressemble à aucune autre peau.

LE NOM, LE NEZ

Pour chaque peau de femme il existe un parfum qui exalte son parfum, une note de la gamme qui est tout à la fois couleur saveur odeur douceur, et ainsi le plaisir de passer d'une peau à l'autre peut ne pas avoir de fin. Quand les lustres des salons du faubourg Saint-Honoré éclairaient mon entrée lors de quelque fête de gala, le nuage piquant des parfums venant des décolletés bordés de perles m'emportait, d'un fond moelleux de rose bulgare s'élevaient des élancements de camphre que l'ambre faisait coller aux robes de soie, et je m'inclinais pour baiser la main de la duchesse de Havre-Caumartin en humant le jasmin qui flottait sur sa peau légèrement lymphatique, et j'offrais mon bras à la comtesse de Barbès-Rochechouart qui me capturait dans des effluves de santal où sa carnation ferme et brune semblait enveloppée, et j'aidais la baronne de Mouton-Duvernet à dégager ses épaules d'albâtre d'un manteau de loutre et une bouffée de fuchsia m'envahissait. Mes papilles savaient fort bien donner un visage à ces parfums qu'à présent Madame Odile faisait défiler pour moi en débouchant ses flacons couleur d'opale : encore le soir d'avant au bal masqué de l'Ordre des chevaliers du Saint-Sépulcre je m'étais adonné au même exercice, il n'était pas un nom de noble dame que je ne pus deviner sous les broderies de son loup. Jusqu'à l'instant où elle est apparue, elle, un petit masque de satin sur le visage, un voile sur les épaules et le sein à l'andalouse, et en vain je me demandais qui elle était, en vain l'effleurant pendant la danse plus qu'il n'était permis je confrontais mes souvenirs et ce parfum jamais imaginé jusque-là, qui contenait le parfum de son corps comme une huître sa perle. Je ne savais rien d'elle mais j'avais le sentiment de tout savoir à travers ce parfum, et j'aurais souhaité un monde sans noms, dans lequel ce seul parfum aurait suffi pour lui donner un nom et pour tous les mots qu'elle aurait pu me dire : ce parfum que je savais maintenant perdu dans le labyrinthe fluide de Madame Odile, à tel point évaporé dans ma mémoire que je ne parvenais pas à le rappeler même en essayant de me souvenir d'elle lorsqu'elle m'a suivi dans la serre aux hortensias. Sous les caresses elle semblait docile par moments, et par moments violente, griffante. Elle me laissait découvrir des endroits cachés, explorer l'intimité de son parfum, à condition que je ne soulevasse pas le masque de son visage.

« Pourquoi tant de mystère, enfin ? m'exclamai-je exaspéré. Dites-moi où et quand je pourrai vous revoir, c'est-à-dire : vous voir !

— N'en faites rien, monsieur, répondit-elle. Une menace pèse sur mes jours. Taisez-vous : elle est là ! »

Une ombre encapuchonnée dans un domino violet était apparue dans le miroir de style Empire.

« Je dois suivre cette personne, dit la dame. Oubliez-moi. Quelqu'un exerce sur moi d'abominables pouvoirs. »

Et avant que j'aie pu lui dire : « Faites confiance à mon épée ! » déjà elle s'était éloignée précédant le domino violet qui laissait dans la foule des masques une traînée de tabac oriental. Je ne sais par quelle porte ils parvinrent à disparaître ; je les ai poursuivis inutilement, et inutilement j'ai harcelé de questions les connaisseurs du Tout-Paris. Je sais que je n'aurai de répit tant que je n'aurai retrouvé la trace de cette odeur ennemie et de ce parfum aimé, tant que l'un ne m'aura conduit sur les traces de l'autre, car ce n'est pas le duel dans lequel j'abattrai mon ennemi qui me donnera le droit d'arracher le masque qui me cache ce visage.

Il y a une odeur ennemie qui vient au-devant de mon nez chaque fois qu'il me semble avoir repéré l'odeur de la femelle que je n'arrête pas de chercher sur la piste du troupeau, une odeur ennemie qui se mêle à son odeur à elle, et je montre mes dents incisives canines prémolaires et je suis déjà plein de rage, je ramasse des pierres j'arrache des branches noueuses, si je n'arrive pas à rencontrer le nez levé cette odeur à elle que je puisse au moins avoir la satisfaction de trouver à qui appartient cette odeur ennemie qui me fait enrager. Le troupeau a de brusques changements de direction où tout le courant vient se retourner contre toi, et tout à coup je sens mes mâchoires venir cogner contre le sol et puis un coup de gourdin sur le crâne, un coup de pied m'écrase le cou et mon nez reconnaît le mâle ennemi qui a reconnu sur moi l'odeur de sa femelle et essaie de m'achever en m'écrasant contre la roche, et je reconnais sur lui son odeur à elle et je m'emplis de fureur me relève cogne de toutes mes forces à coups de massue jusqu'à ce que je sente enfin l'odeur du sang, je lui saute dessus de tout mon poids frappe son crâne à coups de silex ébréché morceaux de roche écaillés mâchoires d'élan poinçons d'os ou harpons de corne, tandis que toutes les femelles ont fait cercle autour de nous et attendent de voir qui gagne. C'est clair c'est moi qui ai gagné, je me relève et avance à tâtons parmi les femelles mais sans trouver celle que je cherche, encroûté de poussière et de sang je ne sens plus très bien les odeurs, autant me lever sur mes jambes et marcher un peu redressé.

Il y en a plusieurs parmi nous qui ont pris cette habitude de marcher sans jamais poser les mains par terre et arrivent même à se déplacer rapidement, moi j'ai la tête qui tourne un peu et je lève les mains pour m'accrocher aux branches comme quand je passais tout mon temps dans les arbres, mais ensuite je m'aperçois que je réussis très bien à tenir l'équilibre même en partant de là-haut, mon pied se met à plat sur le sol et mes jambes avancent même si je ne plie pas les genoux. A se tenir toujours le nez en l'air, certes, on perd beaucoup de choses : les informations qu'on peut extraire en humant la terre avec toutes les traces d'animaux qui y sont passés, en humant le reste du troupeau les femelles surtout. Mais on a d'autres choses en échange : le nez plus sec sent des odeurs lointaines portées par le vent les fruits des arbres les œufs des oiseaux dans les nids. Et les yeux aident le nez, saisissent les choses dans l'espace, les feuilles du sycomore, le fleuve, la bande bleue de la forêt, les nuages.

Pour finir je sors respirer le matin la rue le brouillard, on ne voit que les seaux des poubelles avec arêtes de poissons boîtes de conserve bas de nylon, au coin est ouvert le magasin d'un Pakistanais qui vend des ananas, je parviens contre un mur de brouillard c'est la Tamise. Du parapet à bien regarder on voit l'ombre des remorqueurs habituels on respire la vase habituelle le mazout, plus loin commencent les lumières et la fumée de South-Wark. Et je donne des coups de crâne dans le brouillard comme pour accompagner ce sacré accord des guitares d'In the morning I'll be dead qui ne me sort pas de la tête.

C'est avec un mal de tête lancinant que je sors de la parfumerie, je voudrais me précipiter à l'adresse de Passy que j'ai arrachée à Madame Odile au milieu de beaucoup d'allusions et conjectures obscures ; mais je crie au cocher : « Vite, au Bois, Auguste, au galop ! » Et, dès que le phaéton se met en marche, je respire profondément pour me délivrer de tous ces effluves qui se sont mélangés dans mon crâne, je savoure l'odeur de cuir des sièges et des finitions, la puanteur du cheval de son crottin de son urine fumants, à nouveau je sens les mille odeurs solennelles ou plébéiennes qui volent dans l'air de Paris, et c'est seulement lorsque les sycomores du bois de Boulogne me plongent dans la lymphe de leur feuillage et lorsque l'arrosage des jardiniers soulève au-dessus du trèfle l'odeur de terre que j'ordonne à Auguste de tourner vers Passy.

La porte de l'hôtel est demi-close. Il y a des gens qui entrent, des hommes en haut-de-forme, des femmes voilées. Dans le vestibule je suis déjà saisi par une lourde odeur de fleurs, comme d'une végétation en putréfaction, j'entre au milieu des bougies de cire qui brûlent des corbeilles de chrysanthèmes des coussins de violettes des couronnes d'asphodèles ; dans le cercueil ouvert capitonné de satin je n'arrive pas à reconnaître le visage couvert d'un voile et enveloppé dans des bandelettes comme si jusque dans la décomposition des traits sa beauté continuait à refuser la mort, mais je reconnais bien le fond, l'écho de ce parfum qui ne ressemble à aucun autre, fondu désormais avec l'odeur de la mort comme si depuis toujours ils avaient été inséparables.

Je voudrais interroger quelqu'un mais ce ne sont tous que personnes inconnues, des étrangers peut-être, je m'arrête près d'un homme âgé qui plus que les autres a l'air d'un étranger, un monsieur au visage olivâtre, avec un fez rouge et un frac noir, qui se tient recueilli à côté du cercueil, je dis à voix basse mais distinctement, sans m'adresser à personne : « Et dire qu'à la minuit de cette nuit elle dansait, et qu'elle était la plus belle de la fête... »

L'homme au fez ne se retourne pas et dit à voix basse : « Que dites-vous là, monsieur ? A minuit elle était morte. »

Debout le nez au vent m'arrivent des signes moins précis mais plus chargés de sens et de soupçons, des signes que tu refuses même de récolter quand tu as le nez par terre tu te tournes de l'autre côté, comme cette odeur qui monte des roches du ravin où nous autres du troupeau jetons les bêtes dépecées, les viscères avariés, les ossements, et où les vautours planent en tournoyant. Et cette odeur que je poursuivais c'est là en bas qu'elle s'est perdue, c'est de là en bas qu'elle remonte suivant la direction du vent ensemble avec la puanteur des cadavres déchiquetés l'haleine des chacals qui les déchiquettent encore chauds le sang qui sèche sur les roches au soleil.

Et quand je reviens tout en haut pour chercher les autres parce que j'ai l'impression de m'être un peu débroussaillé la tête dans le brouillard, et qu'à présent je serai peut-être capable de la retrouver de comprendre qui elle était, voilà qu'au contraire là-haut tiens il n'y a plus personne, va savoir quand ils sont tous partis pendant que j'étais descendu sur l'Embankment, toutes les pièces sont vides avec leurs canettes de bière et mes tambours, et la puanteur du poêle est devenue insupportable, et je fais le tour de toutes les pièces et il y en a une qui est fermée, celle précisément du poêle qu'on entend fuir par l'entrebâillement de la porte si fort que ça donne envie de vomir, et je commence à donner des coups d'épaule jusqu'à ce que la porte cède, et à l'intérieur tout est plein de gaz noir épais sale du sol jusqu'au plafond, et sur le sol la chose que je vois avant de me trouver tordu en une crise de nausée est la forme blanche longue étendue au visage caché dans les cheveux, et en la tirant par ses jambes raides au-dehors je sens son odeur au-dedans de cette odeur asphyxiante, son odeur que j'essaie de poursuivre et de discerner dans l'ambulance à l'hôpital dans les odeurs de désinfectant et d'eaux usées qui gouttent du marbre de la morgue et l'air en reste encore plus imprégné quand le temps est humide dehors.

Sous le soleil jaguar

Goûter, en général, exercer le sens du goût, en recevoir l'impression, même sans volonté délibérée, ou encore sans réflexion. La dégustation se fait plus déterminante lorsqu'il s'agit de savourer et de savoir ce que l'on goûte ; ou, du moins, dénote-t-elle que nous avons, de cette impression, un sentiment réfléchi, une idée, un début d'expérience. C'est que *sapio*, pour les Latins, avait le sens métaphorique de sentir avec droiture ; d'où le sens de l'italien *sapere* (savoir), qui désigne proprement une doctrine droite ainsi que la supériorité de la sagesse sur la science.

Niccolò Tommaseo
Dictionnaire des synonymes

Oaxaca se prononce Ouahàca. L'hôtel où nous étions descendus avait été, à l'origine, le couvent de Sainte-Catalina. La première chose que nous y avions remarquée était un tableau, dans une petite salle qui menait au bar. Le bar s'appelait « Las Novicias ». Le tableau était une grande toile sombre représentant une jeune nonne et un vieux prêtre, debout, côte à côte, les mains légèrement écartées du corps, s'effleurant presque. Pour un tableau du XVIIIe siècle, les figures étaient plutôt rigides : une peinture à la grâce quelque peu fruste typique de l'art colonial, mais qui vous transmettait une sensation troublante, comme un spasme de souffrance retenue.

La partie inférieure du tableau était occupée par une longue légende, en lignes serrées d'une écriture cursive et anguleuse, blanc sur noir. On y célébrait dévotement la vie et la mort des deux personnages, qui avaient été l'un le chapelain et l'autre l'abbesse du couvent (elle, de famille noble, y était entrée comme novice à l'âge de dix-huit ans). La raison pour laquelle on les avait représentés ensemble était leur extraordinaire amour (le mot, dans la pieuse prose espagnole, semblait se charger d'une inspiration supraterrestre) qui avait lié pendant trente ans l'abbesse et son confesseur, un amour si grand (le mot dans son acception spirituelle sublimait l'émotion corporelle sans l'effacer) que, lorsque le prêtre était mort, l'abbesse, de vingt ans plus jeune que lui, dans l'espace d'un jour, était tombée malade et avait littéralement expiré d'amour (le mot brûlait d'une vérité où s'unissaient toutes ses significations) pour l'aller rejoindre au ciel.

Olivia, qui connaissait l'espagnol mieux que moi, m'aida à déchiffrer l'histoire en me suggérant la traduction de quelques expressions obscures, ce furent les seuls mots que nous eûmes l'occasion d'échanger pendant et après la lecture, comme si nous nous trouvions en présence d'un drame, ou d'un bonheur, qui rendait tout commentaire déplacé, quelque chose qui nous intimidait, nous faisait même peur, ou, mieux, nous communiquait une sorte de malaise. J'essaie ainsi de décrire ce que moi j'éprouvais : la sensation d'un manque, d'un vide dévorant, je ne peux deviner ce que pensait Olivia, puisqu'elle se taisait.

Puis Olivia parla. Elle dit : « Je voudrais manger des *chiles en nogada.* » Et d'une démarche de somnambules, comme si nous n'étions pas certains de toucher le sol, nous nous dirigeâmes vers le restaurant.

Comme il arrive dans les meilleurs moments de la vie d'un couple, j'avais instantanément reconstruit le cours des pensées d'Olivia, sans qu'il soit nécessaire d'en dire plus : et ceci parce que l'enchaînement des associations s'était aussi déroulé dans mon esprit, quoique de façon plus engourdie et brumeuse, de sorte que je n'aurais pu, sans elle, en prendre conscience.

Notre voyage à travers le Mexique durait déjà depuis plus d'une semaine. Quelques jours auparavant, à Tepotzotlán, dans un restaurant qui alignait ses tables entre les orangers d'un autre cloître de couvent, nous avions goûté à des plats préparés (c'est, du moins, ce que l'on nous avait dit) suivant les anciennes recettes des nonnes. Nous avions mangé un *tamál de elote*, c'est-à-dire une fine semoule de maïs doux avec de la viande de porc hachée et du piment extrêmement piquant, le tout cuit à la vapeur dans une feuille elle aussi de maïs, puis des *chiles en nogada*, qui étaient des piments d'un rouge brunâtre, un peu rugueux, nageant dans une sauce aux noix dont l'âpreté brûlante et l'arrière-goût amer se perdaient en une suavité crémeuse et doucereuse.

Depuis lors, penser aux nonnes évoquait en nous les saveurs d'une cuisine élaborée et audacieuse, tendant à faire vibrer les notes extrêmes des saveurs et à les rapprocher en des modulations, des accords et surtout des dissonances destinés à s'imposer comme une expérience incomparable, un point de non-retour, une possession absolue exercée sur la réceptivité de tous les sens.

Salustiano Velazco, l'ami mexicain qui nous avait accompagnés dans cette excursion, en répondant a Olivia qui l'interrogeait sur ces recettes de la gastronomie monacale, baissait la voix, comme s'il nous confiait des secrets indélicats. C'était là sa façon de parler ; ou plutôt, une de ses deux façons de parler : les informations dont Salustiano était prodigue (sur l'histoire, les coutumes et la nature de son pays, il était d'une érudition inépuisable) étaient soit énoncées avec emphase comme autant de proclamations de guerre, soit insinuées avec malice comme si elles étaient chargées d'on ne sait quels sous-entendus.

Olivia avait fait remarquer que de tels plats supposaient des heures et des heures de travail et, avant cela encore, une longue série d'expérimentations et de perfectionnements. « Mais elles passaient leurs journées à la cuisine, ces nonnes ? », avait-elle demandé, imaginant des vies entières dédiées à la recherche de nouveaux mélanges d'ingrédients et de variations dans les dosages, à l'attentive patience combinatoire, à la transmission d'un savoir minutieux et ponctuel.

« *Tenían sus criadas*, elles avaient leurs servantes », avait répondu Salustiano et il nous avait expliqué que les filles de la noblesse, en entrant au couvent, y amenaient leurs domestiques avec elles, si bien que pour satisfaire aux caprices véniels de la gourmandise, les seuls qui leur fussent accordés, les nonnes pouvaient compter sur une foule active d'infatigables exécutantes. Pour leur part, elles n'avaient qu'à imaginer, préparer, confronter et corriger des recettes qui leur permettent d'exprimer des fantaisies étouffées entre leurs murs : fantaisies de femmes parfois raffinées, enflammées, introverties, compliquées, de femmes aux besoins d'absolu, dont les lectures parlaient d'extases, de transfigurations, de martyres et de supplices, de femmes qui avaient dans le sang des sollicitations discordantes, et dans la généalogie desquelles la descendance des *conquistadores* se mêlait à celle des princesses indiennes, voire des esclaves, de femmes qui retrouvaient dans leurs souvenirs d'enfance les fruits et les arômes d'une végétation succulente, gorgée de fermentations, bien qu'elle ait poussé sur ces hauts plateaux brûlés par le soleil.

On ne pouvait pas non plus oublier l'architecture sacrée qui donnait son décor à ces vies de religieuses, issue de ce même élan vers l'extrême qui poussait jusqu'à une exaspération des saveurs amplifiée par l'ardeur des *chiles* les plus piquants. Tout comme le baroque colonial ne mettait de limites ni au faste ni à la profusion des ornements, ce pour quoi la présence de Dieu était perçue à travers un délire minutieusement calculé de sensations excessives et débordantes, de même la brûlure des quarante-deux variétés indigènes de piments savamment choisis pour chaque mets ouvrait les perspectives d'une extase flamboyante.

Nous avions visité, à Tepotzotlán, l'église que les jésuites avaient bâtie pour leur séminaire au XVIIIe siècle (et tout de suite après l'inauguration ils avaient dû la quitter, chassés pour toujours du Mexique) : une église-théâtre, tout en or et en couleurs vives, d'un baroque acrobatique et dansant, pleine d'anges voltigeants, de guirlandes, de trophées de fleurs, de coquillages. Les jésuites avaient certainement l'intention de rivaliser avec les Aztèques, dont les temples et les palais en ruine — le palais royal de Quetzalcóatl ! — étaient toujours là pour rappeler une domination qui s'était exercée à travers les effets suggestifs d'un art transfigurateur et grandiose. Il y avait un défi dans l'air, dans cet air sec et raréfié de deux mille mètres d'altitude : l'ancien défi, entre les civilisations de l'Amérique et de l'Espagne, dans l'art de flatter les sens par d'hallucinantes séductions, et de l'architecture, ce défi s'étendait à la cuisine, où les deux civilisations s'étaient confondues, où peut-être celle des vaincus avait triomphé, forte des condiments nés sur son sol. A travers de blanches mains de novices et des mains brunes de converses, la cuisine de la nouvelle civilisation hispano-indienne était devenue, elle aussi, un champ de bataille entre la férocité agressive des anciens dieux du haut plateau et la sinueuse surabondance de la religion baroque...

Au menu du dîner nous ne trouvâmes pas de *chiles en nogada* (d'un lieu à l'autre le lexique gastronomique variait, proposant toujours de nouveaux termes à enregistrer et de nouvelles sensations à distinguer), mais du *guacamole* (à savoir une purée d'avocats et d'oignons qu'il fallait prendre avec les *tortillas* croquantes qui se brisent en multiples éclats et se plongent comme des cuillères dans la crème dense : la délicatesse charnue de l'*aguacate* — le fruit national mexicain connu dans le monde entier sous le nom écorché d'*avocado* — accompagnée, soulignée par la sécheresse anguleuse de la *tortilla*, qui peut avoir, à son tour, plusieurs goûts en faisant mine de n'en avoir aucun). Puis du *guajolote con mole poblano* (c'est-à-dire du dindon avec la sauce de Puebla, un des plus nobles parmi les nombreux *moles* — il était servi à la table de Moctezuma —, un des plus élaborés — on ne met jamais moins de trois jours à le préparer — et des plus compliqués — car il requiert quatre variétés différentes de *chiles*, de l'ail, de l'oignon, de la cannelle, des clous de girofle, du poivre, des graines de cumin, de coriandre et de sésame, des amandes, des raisins secs, des arachides et un peu de chocolat), enfin des *quesadillas* (qui sont un autre genre de tortilla, où le fromage est incorporé à la pâte, qu'on garnit de viande hachée et de haricots frits).

Les lèvres d'Olivia au beau milieu de la mastication hésitaient sur le point de s'arrêter, sans pourtant que s'interrompe tout à fait la continuité du mouvement, qui se ralentissait comme pour ne pas laisser s'éloigner un écho intérieur, tandis que son regard se figeait en une attention qui n'avait pas d'objet apparent, presque en alerte. C'était une concentration particulière du visage, que j'avais observée chez elle au cours des repas depuis que nous avions commencé notre voyage au Mexique : une tension dont je suivais la propagation des lèvres aux narines, tantôt dilatées, tantôt contractées. (Le nez a une plasticité très réduite — surtout un nez aussi noble et harmonieux que celui d'Olivia — et chaque mouvement imperceptible visant à dilater dans le sens longitudinal la contenance des narines en réalité les amincit, tandis que le mouvement réflexe correspondant qui en accentue l'ampleur aboutit en fait à une rétraction de tout le nez vers la surface du visage.)

Ce que j'ai dit pourrait faire croire que, en mangeant, Olivia se renfermait sur elle-même et plongeait dans le parcours intérieur de ses sensations; en réalité, au contraire, le désir qu'exprimait toute sa personne était de me communiquer ce qu'elle ressentait : de communiquer avec moi à travers des saveurs, ou de communiquer avec les saveurs à travers un double système de papilles, le sien et le mien.

« Tu sens ? Tu as senti ? », me disait-elle avec une sorte d'anxiété, comme si nos incisives, à cet instant précis, avaient broyé une bouchée de composition identique et que la même goutte d'arôme avait été captée par les récepteurs de ma langue et de la sienne. « Est-ce le *xilantro* ? Tu ne sens pas le *xilantro* ? », ajoutait-elle, mentionnant une herbe que nous n'avions pas encore réussi à identifier avec certitude à partir de son nom local (l'aneth, peut-être?) et dont un mince fil dans la bouchée que nous étions en train de mâcher suffisait pour transmettre aux narines une commotion légèrement piquante, comme une ivresse impalpable.

Ce besoin qu'avait Olivia de m'entraîner dans ses émotions m'était très agréable, parce qu'il me prouvait combien je lui étais indispensable et que les plaisirs de l'existence, pour elle, n'étaient appréciables que s'ils étaient partagés entre nous. C'est seulement dans l'unité du couple — pensais-je — que nos subjectivités trouvent à s'amplifier et à se compléter. J'avais d'autant plus besoin de me confirmer dans cette conviction que, depuis le début de ce voyage mexicain, l'entente physique entre Olivia et moi traversait une phase de raréfaction, sinon d'éclipse : phénomène certainement passager, non inquiétant en soi, qui rentrait d'ailleurs dans la normalité des hauts et des bas auxquels, sur une longue durée, la vie de tous les couples est assujettie. Et je ne pouvais m'empêcher de remarquer que certaines manifestations de la vitalité d'Olivia, certains de ses emportements ou de ses hésitations, certaines de ses peines ou de ses palpitations continuaient à se déployer sous mes yeux sans avoir rien perdu de leur intensité, avec une seule variante remarquable : celle d'avoir comme théâtre non plus le lit de nos étreintes mais une table dressée.

Les premiers jours, je m'attendais à ce que l'excitation croissante du palais se communiquât rapidement à tous nos sens. Je me trompais : cette cuisine était certainement aphrodisiaque, mais en elle-même et pour elle-même (c'est ce que je crus comprendre, et ce que je dis ne vaut que pour nous à ce moment-là; pour d'autres, ou pour nous-mêmes si nous nous étions trouvés dans un autre état d'esprit, je ne sais), c'est-à-dire qu'elle stimulait des désirs qui cherchaient des satisfactions uniquement dans le domaine des sensations qui les avaient fait naître : en mangeant donc toujours de nouveaux mets qui relanceraient et amplifieraient ces mêmes désirs.

Nous étions donc dans la meilleure situation pour imaginer ce qu'avait pu être le déroulement de l'amour entre abbesse et chapelain : un amour qui avait même pu être, à leurs yeux comme au regard du monde, parfaitement chaste, tout en se chargeant d'une violence charnelle sans limites à travers cette expérience des saveurs atteinte par le biais d'une secrète et subtile complicité.

Complicité : ce mot, dès que je le pensai, en le référant non seulement à la religieuse et au prêtre, mais aussi à Olivia et à moi, me rassura. Car si Olivia, à travers cette passion presque obsessionnelle pour la nourriture, recherchait de la complicité, eh bien, cette complicité impliquait que ne se perde pas, comme je le craignais de plus en plus, l'égalité entre nous. Il m'avait semblé qu'Olivia, ces derniers jours, dans son exploration gustative, voulait me maintenir dans une position subalterne, celle d'une présence sûrement nécessaire mais soumise, m'obligeant à tenir lieu de témoin de son rapport avec la nourriture, ou de confident, ou d'entremetteur complaisant. Je chassai cette pensée importune, dont je ne savais comment elle m'était venue à l'esprit : notre complicité, en réalité, ne pouvait être plus pleine, justement parce que différente était la façon dont nous vivions la même passion, en harmonie avec nos tempéraments : Olivia, plus sensible aux nuances perceptives et douée d'une mémoire plus analytique où chaque souvenir demeurait distinct, sans confusion possible, moi, plus enclin à définir verbalement et conceptuellement les expériences, à tracer la ligne idéale du voyage intérieur qui doublait en nous le voyage géographique.

C'était justement là une conclusion à laquelle j'étais parvenu et qu'Olivia avait promptement faite sienne (ou c'était Olivia qui m'en avait peut-être suggéré l'idée et je n'avais fait que la lui proposer de nouveau avec des mots à moi) : le vrai voyage, comme introjection d'un « dehors » différent de celui dont on a l'habitude, implique un changement total d'alimentation, un engloutissement du pays visité, dans sa faune et sa flore et dans sa culture (non seulement les diverses pratiques de la cuisine et des assaisonnements mais l'utilisation des divers instruments avec lesquels on écrase la farine ou on touille dans un chaudron), qui le fasse passer par les lèvres et l'œsophage. C'est là la seule façon de voyager qui ait un sens aujourd'hui, quand tout ce qui est visible peut être vu à la télévision sans bouger de son fauteuil. (Et qu'on n'objecte pas que l'on parvient au même résultat en fréquentant les restaurants exotiques de nos métropoles : ils faussent tellement la réalité de la cuisine à laquelle ils prétendent faire référence que, du point de vue de l'expérience cognitive qu'on en peut tirer, ils sont l'équivalent non pas d'un documentaire, mais de la reconstitution d'un milieu filmée en studio).

Cela n'empêche que, pendant notre voyage, Olivia et moi vîmes tout ce qu'il y avait à voir (et ce n'était pas peu de chose, ni en quantité ni en qualité). La visite aux fouilles de Monte Albán était fixée pour le lendemain ; le guide, ponctuel, vint nous chercher à l'hôtel en minicar. Dans la campagne ensoleillée et aride poussent les agaves pour le *mezcal* et la *tequila*, les *nopales* (que nous appelons figues de Barbarie), les cierges pleins d'épines, les *jacarandá* aux fleurs bleues. La route grimpe dans les montagnes. Monte Albán, entre les hauteurs qui entourent la vallée, est un complexe de temples en ruine, de bas-reliefs, d'escaliers grandioses, de plates-formes pour les sacrifices humains. L'horreur, le sacré, le mystère sont des ingrédients du tourisme qui nous dicte des comportements tout préparés, modestes succédanés des anciens rites. En contemplant ces gradins, nous essayons d'imaginer le sang jaillissant chaud des poitrines déchirées par la lame de pierre des prêtres...

Trois civilisations se sont succédé à Monte Albán qui ont déplacé toujours les mêmes pierres : les Zapotèques en détruisant et refaisant les œuvres des Olmèques et les Mixtèques celles des Zapotèques. Les calendriers des anciennes civilisations mexicaines, sculptés dans les bas-reliefs, traduisent une conception cyclique et tragique du temps : tous les cinquante-deux ans l'univers finissait, les dieux mouraient, les temples étaient détruits, toute chose céleste ou terrestre changeait de nom. Peut-être que les peuples différenciés par l'histoire comme occupants successifs de ces territoires n'étaient qu'un peuple unique, dont la continuité ne s'est jamais brisée, tout en traversant cette histoire de massacres que représentent les bas-reliefs. Voici les villages conquis, le nom écrit en hiéroglyphes, et le dieu du village la tête en bas ; voici les prisonniers de guerre enchaînés, les têtes arrachées aux victimes...

Le guide auquel l'agence de tourisme nous a confiés, un grand gaillard nommé Alonso, aux traits aplatis comme les figures olmèques (ou mixtèques ? ou zapotèques ?), illustre pour nous, avec une mimique exubérante, les célèbres bas-reliefs dits « Los Danzantes ». Parmi les figures sculptées, seules quelques-unes représenteraient effectivement des danseurs aux jambes en mouvement (Alonso exécute quelques pas de danse) ; d'autres pourraient être des astronomes qui lèvent une main en guise de visière pour scruter les étoiles (Alonso prend la pose de l'astronome), mais la plupart représentent des femmes en train d'accoucher (Alonso mime la scène). Nous comprenons que ce temple était destiné à conjurer les accouchements difficiles, les bas-reliefs étaient sans doute autant d'images votives. La danse aussi, d'ailleurs, servait à faciliter les accouchements par la magie de la *mimésis*, surtout lorsque l'enfant se présentait par les pieds (Alonso mime la magie de la *mimésis*). Un bas-relief représente une césarienne avec utérus, trompes de Fallope et tout le reste (Alonso, plus cru que jamais, mime l'anatomie féminine tout entière, afin de prouver qu'une torture chirurgicale identique rapprochait les naissances et les morts).

Tout, dans la gesticulation de notre guide, prenait un sens effrayant, comme si les temples et leurs sacrifices projetaient une ombre sur chaque acte et chaque pensée. Chaque figure des bas-reliefs apparaissait liée à ces rites sanglants : une fois fixée la date la plus propice en contemplant les étoiles, le sacrifice était accompagné d'une explosion joyeuse de danses, et même les naissances ne semblaient pas avoir d'autre but que d'approvisionner les guerres en nouveaux soldats pour la capture de victimes nouvelles. Même là où sont représentées des figures qui courent, luttent ou jouent à la balle, il ne s'agit pas de compétitions pacifiques entre athlètes mais de prisonniers de guerre obligés de rivaliser pour savoir qui montera le premier sur l'autel.

« Celui qui perdait dans les compétitions était destiné au sacrifice ? », demandé-je.

« Non, celui qui gagnait ! » Et le visage d'Alonso s'éclaire : « Avoir la poitrine déchirée par le couteau d'obsidienne, c'était un honneur ! », et en un crescendo de patriotisme ancestral, de même qu'il avait vanté l'excellence du savoir scientifique des anciens peuples, le bon descendant des Olmèques se sentait maintenant en devoir d'exalter l'offrande faite au soleil d'un cœur d'homme palpitant : pour que l'aurore revienne chaque matin éclairer le monde.

Ce fut alors qu'Olivia demanda : « Mais, ensuite, que faisaient-ils du corps des victimes ? »

Alonso s'arrêta.

« Oui, ces membres, ces viscères, insista Olivia, d'accord, ils étaient offerts aux dieux, mais, pratiquement, où passaient-ils ? On les brûlait ? »

Non, ils n'étaient pas brûlés.

« Et alors ? un don aux dieux, cela ne pouvait certainement pas être enterré et laissé là à pourrir...

— *Los zopilotes*, dit Alonso, les vautours. » C'étaient eux qui déblayaient les autels et portaient au ciel les offrandes.

Les vautours... « Toujours ? », demande encore Olivia, avec une insistance que je n'arrive pas à m'expliquer.

Alonso s'esquive, essaie de changer de sujet, il est pressé de nous montrer les chemins qui reliaient les maisons des prêtres aux temples, où ils faisaient leur apparition, le visage recouvert de masques terrifiants. La fougue pédagogique de notre cicérone avait quelque chose d'irritant : on avait l'impression qu'il était en train de nous donner une leçon simplifiée pour la faire entrer dans nos pauvres têtes de profanes, alors qu'il savait certainement plus de choses et ne les dévoilait pas, se gardant bien de nous les dire. C'était peut-être ce qu'avait perçu Olivia : à un moment donné, elle se renferma en un silence contrarié, qui dura tout le reste de la visite, et même ensuite dans la jeep cahotante qui nous ramenait à Oaxaca.

Pendant le parcours tout en virages, j'essayai d'intercepter le regard d'Olivia, assise en face de moi, mais, étaient-ce les cahots ou la hauteur différente de nos sièges, je m'aperçus que mon regard s'arrêtait sur ses dents et non sur ses yeux (elle gardait les lèvres entrouvertes, l'air absorbé). Pour la première fois, il m'arrivait de voir ses dents non comme l'éclair lumineux de son sourire mais comme les instruments les plus adaptés à leur fonction propre : s'enfoncer dans la chair, mettre en pièces, couper. Et, tout comme on cherche à lire la pensée d'une personne dans l'expression de ses yeux, voici que je regardais à présent ces dents fortes et tranchantes et j'y sentais un désir retenu : une attente.

En rentrant à l'hôtel et nous acheminant vers la grande salle (l'ex-chapelle du couvent) que nous devions traverser pour atteindre l'aile où se trouvait notre chambre, nous fûmes frappés comme par un bruit de cascade qui gronde, rebondit et gargouille en mille ruisseaux, jets et tourbillons. Plus nous approchions et plus ce fracas homogène allait se brisant en un ensemble de gazouillis ramages pépiements caquètements comme si une nuée d'oiseaux battait des ailes dans une volière. Du seuil (la salle était en contrebas de quelques marches), nous apparut une étendue de petits chapeaux printaniers posés sur la tête de dames assises autour de tables dressées.

Dans tout le pays se déroulait la campagne pour l'élection du nouveau président de la République : l'épouse du candidat officiel avait donné un thé aux proportions imposantes pour les femmes des notables d'Oaxaca. Sous l'ample voûte nue, trois cents dames mexicaines conversaient toutes ensemble : le grandiose événement acoustique qui nous avait aussitôt subjugués était le fait de leurs voix mêlées au tintement des tasses, petites cuillères et couteaux qui découpaient des tranches de gâteau. Un gigantesque portrait en couleur de dame au visage rond, aux cheveux noirs et lisses tirés en arrière, avec une robe bleu pâle dont on ne voyait que le col boutonné, semblable, en somme, à l'effigie officielle du président Mao Tsé-toung, dominait l'assemblée.

Pour atteindre le patio et, de là, notre escalier, nous devions nous frayer un chemin entre les tables de cette réception ; nous étions déjà près de la sortie lorsque d'une table, au fond de la salle, un des rares mâles présents se leva et vint à notre rencontre, les bras dressés. C'était notre ami Salustiano Velazco, personnalité représentative de la nouvelle équipe présidentielle et qui, en cette qualité, participait aux phases les plus délicates de la campagne électorale. Nous ne l'avions pas vu depuis que nous avions quitté la capitale : pour nous manifester de toute son exubérance la joie de nous avoir rencontrés, et se renseigner sur les dernières étapes de notre voyage (sans doute aussi pour se soustraire un moment à cette atmosphère où la prédominance triomphale des femmes mettait en crise sa certitude chevaleresque en la suprématie des hommes), il laissa sa place d'honneur au banquet pour nous accompagner dans le patio.

Plutôt que de se renseigner sur ce que nous avions vu, il se mit à nous signaler ce que, certainement, nous avions manqué dans les endroits où nous étions allés, et que nous n'aurions pu voir que si nous nous y étions rendus en sa compagnie : un schéma de conversation que les connaisseurs passionnés d'un pays se croient obligés d'appliquer auprès de leurs amis en visite, toujours avec les meilleures intentions, mais qui finit quand même par gâter le plaisir de ceux qui reviennent de voyage tout fiers de leurs expériences grandes ou petites. Le vacarme convivial de l'imposant gynécée parvenait jusqu'à nous là dans le patio et recouvrait au moins la moitié de ce que nous disions lui et nous, si bien que je n'étais jamais sûr qu'il ne fût pas en train de nous reprocher de n'avoir pas vu des sites dont nous venions juste de lui dire que nous les avions vus.

« Et aujourd'hui, nous sommes allés à Monte Albán... m'empressai-je de lui communiquer en élevant la voix, ... les gradins, les bas-reliefs, les autels des sacrifices... »

Salustiano porta une main à sa bouche pour la lever ensuite en l'air, geste qui témoignait chez lui d'une émotion trop grande pour qu'elle s'exprime par des mots. Il commença à nous donner des détails archéologiques et ethnographiques que j'aurais beaucoup aimé pouvoir suivre phrase par phrase, mais qui se perdaient dans le grondement des agapes. Aux gestes et aux mots que j'arrivais à saisir : « sangre... obsidiana... divinidad... solar... », je comprenais qu'il était en train de parler des sacrifices humains : il le faisait avec un mélange de participation éblouie et d'horreur sacrée, attitude qui se distinguait de celle de notre cicérone quelque peu rustre par une plus grande conscience des références culturelles que tout cela impliquait.

Ce fut alors qu'Olivia — plus prompte que moi, elle arrivait à mieux suivre la loquacité de Salustiano — intervint en lui demandant quelque chose; je compris qu'elle lui répétait la question qu'elle avait posée cet après-midi-là à Alonso : «...ce que les vautours n'emportaient pas... qu'est-cc qu'il en advenait ? »

Les yeux de Salustiano adressèrent à Olivia des étincelles d'entente et moi aussi je compris alors l'intention qui se cachait dans la question, d'autant plus que Salustiano prit son ton confidentiel, complice, et il semblait que ses paroles, justement parce qu'elles étaient plus étouffées, parvenaient à franchir plus facilement la barrière de bruit qui nous séparait.

« Qui sait... Les prêtres... Cela aussi faisait partie du rite... A vrai dire, on sait peu de chose... C'étaient des cérémonies secrètes... Oui, le repas rituel... Le prêtre tenait la place du dieu... Et par conséquent la victime, nourriture de dieux... »

Était-ce donc cela qu'Olivia voulait lui faire admettre ? Elle insistait encore : « Mais comment se déroulait le repas... ? »

« Je le répète, ce ne sont là que des suppositions... Il semblerait que même les princes, les guerriers, y prenaient part... La victime était déjà une part du dieu, elle transmettait la force divine... » A ce moment Salustiano changea de ton, devint fier, dramatique, il s'exalta : « Seul le guerrier qui s'était emparé du prisonnier sacrifié ne pouvait pas toucher à sa chair... Il restait à l'écart, en larmes... »

Olivia ne paraissait pas encore satisfaite : « Mais cette chair, pour la manger, la cuisine, la cuisine sacrée, la façon de la préparer, les saveurs, en sait-on quelque chose ? »

Salustiano était devenu pensif. Les convives avaient redoublé de clameurs et lui semblait soudain hypersensible au bruit : il tapait d'un doigt sur ses oreilles, faisant signe qu'il ne pouvait continuer dans pareil vacarme. « Oui, il devait y avoir des règles... Certes, il s'agissait d'une nourriture qui ne pouvait pas être ingérée sans un cérémonial particulier... Les honneurs qu'elle mérite... Par respect des sacrifiés qui étaient jeunes et valeureux... Par respect des dieux... Une chair qu'on ne peut pas manger seulement pour manger, comme n'importe quel autre plat... Et son goût...

— On dit qu'elle n'est pas bonne à manger...?

— Un goût étrange, à ce qu'on dit...

— Il aura fallu des condiments... Quelque chose de fort...

— Peut-être que le goût devait être caché... que toutes les saveurs devaient être convoquées pour le recouvrir...»

Et Olivia : «Mais les prêtres... sur la cuisine... ils n'ont rien laissé d'écrit... rien transmis...?»

Salustiano secouait la tête : «Mystère... leur vie était entourée de mystère...»

Et Olivia, c'était Olivia qui semblait à présent vouloir lui suggérer : «Peut-être que cette saveur-là ressortait malgré tout... même au milieu d'autres saveurs...»

Salustiano parlait, les doigts posés sur ses lèvres, comme s'il voulait filtrer ce qu'il disait : «C'était une cuisine sacrée... Elle devait célébrer l'harmonie des éléments telle qu'on l'atteint à travers le sacrifice, une harmonie terrible, flamboyante, une incandescence...»

Il se tut soudain, comme sentant qu'il était allé trop loin, et comme si, avec son devoir, il venait de se rappeler le banquet; il s'empressa de s'excuser de ne pouvoir rester avec nous, il devait reprendre place à sa table.

En attendant que le soir tombe, nous nous assîmes à un café sous les arcades du *zócalo*, la petite place carrée qui est le cœur de toutes les vieilles villes de la colonie, verdoyante de quelques arbres bas et bien taillés, appelés *almendros*, mais qui ne ressemblent point aux amandiers. Les petits drapeaux de papier et les banderoles qui saluaient le candidat officiel faisaient de leur mieux pour communiquer un air de fête au *zócalo*. Les familles comme il faut d'Oaxaca se promenaient sous les arcades. Les hippies américains attendaient la vieille qui leur fournissait le *mezcal*. Des vendeurs ambulants en guenilles déployaient sur le sol des tissus bariolés. D'une place voisine parvenait l'écho des mégaphones d'un minuscule meeting de l'opposition. Accroupies par terre, de grosses femmes faisaient frire des *tortillas* et des herbes.

Dans le kiosque à musique, au milieu de la place, un orchestre jouait et ramenait vers moi quelques souvenirs rassurants des soirées d'une Europe provinciale et familiale que j'avais eu le temps de vivre et d'oublier. Mais le souvenir était comme un trompe-l'œil et, à y regarder de plus près, il me communiquait un sentiment de distance multipliée, dans l'espace et dans le temps. Les musiciens, habillés de noir et cravatés, visages indiens sombres et impassibles, jouaient à la fois pour les touristes multicolores et débraillés, habitants d'un perpétuel été — vieux et vieilles feignant la jeunesse de toute la splendeur de leur dentier — et pour des jeunes voûtés et méditatifs, comme s'ils attendaient que la canitie vînt blanchir leur barbe blonde et leurs cheveux flottants, emmitouflés dans des vêtements rêches, emballottés de besaces, comme les figures allégoriques de l'hiver représentées sur les anciens calendriers.

« Les temps sont peut-être arrivés à leur fin, le soleil est las de se lever, Cronos, sans plus de victimes à dévorer, se meurt d'cpuisement, les âges et les saisons sont bouleversés.

— La mort du temps ne concerne peut-être que nous, répondit Olivia, qui nous entre-dévorons en feignant de ne pas le savoir, en feignant de ne plus percevoir les saveurs...

— Tu veux dire que les saveurs... qu'ils ont besoin ici de saveurs plus fortes parce qu'ils savent... parce qu'ici ils mangeaient...

— Tout comme chez nous maintenant encore... Sauf que nous ne le savons plus, nous n'osons plus regarder, comme ils faisaient, eux... Il n'y avait pas pour eux de mystifications, l'horreur était là, sous leurs yeux, ils mangeaient jusqu'à ce qu'il ne restât plus un seul os à décharner, c'est pourquoi les saveurs...

— Pour cacher ce goût-là? dis-je en reprenant la chaîne des hypothèses de Salustiano.

— Peut-être qu'on ne pouvait pas, qu'il ne *fallait* pas le cacher... Sinon ç'aurait été comme ne pas manger ce que l'on mangeait... Les autres saveurs avaient peut-être pour fonction d'exalter ce goût-là, de lui offrir un fond digne de lui, de lui faire honneur...»

A ces mots, j'éprouvai à nouveau le besoin de regarder ses dents, comme il m'était arrivé pendant la descente en jeep. Et à ce moment-là, sur ses lèvres, apparut sa langue mouillée de salive, qui se retira aussitôt, comme si elle savourait mentalement quelque chose. Je compris qu'Olivia était déjà en train d'imaginer le menu du dîner.

Ce menu — tel qu'il nous fut proposé par un restaurant que nous trouvâmes parmi des maisons basses aux grilles sinueuses — s'ouvrait avec une boisson rose dans une coupe en verre soufflé et travaillé à la main : *sopa de camarones*, c'est-à-dire une soupe d'écrevisses, démesurément piquante à cause d'une qualité de *chiles* que jusque-là nous n'avions pas expérimentée, peut-être les célèbres *chiles jalapenos*. Puis du *cabrito*, du chevreau rôti, dont chaque bouchée provoquait la surprise car les dents rencontraient tantôt un fragment croquant tantôt un autre qui fondait dans la bouche.

« Tu ne manges pas ? », me demanda Olivia qui semblait uniquement concentrée sur le fait de savourer son plat et se révélait au contraire très attentive, comme d'habitude, alors que moi je restais absorbé en la regardant. Ce que j'étais en train d'imaginer, c'était la sensation de ses dents dans ma chair, et je sentais sa langue me soulever contre la voûte du palais, m'envelopper de salive, puis me pousser sous la pointe de ses canines. J'étais assis là devant elle, mais il me semblait en même temps qu'une partie de moi, ou tout moi-même, était contenu dans sa bouche, lacéré fibre après fibre. Et la situation n'était pas complètement passive car, tandis que j'étais mâché par elle, je me sentais aussi en train d'agir sur elle, je transmettais des sensations qui se propageaient de ses papilles à tout son corps, c'était moi, me semblait-il, qui provoquais chacune de ses vibrations : c'était un rapport réciproque et complet qui nous impliquait et nous emportait.

Je me recomposai, nous nous recomposâmes. Nous savourâmes attentivement la salade de tendres feuilles de figues de Barbarie bouillies (*ensalada de nopalitos*) assaisonnée avec de l'ail, de la coriandre, du piment, de l'huile et du vinaigre, puis le gâteau de *maguey* (une variété d'agave) doux et crémeux, le tout accompagné d'une carafe de *tequila con sangrita*, et suivi de café à la cannelle.

Or ce rapport qui s'était établi entre nous exclusivement

à travers la nourriture, au point qu'il ne se concrétisait dans d'autres images que dans celle d'un repas, ce rapport, que mes rêveries faisaient répondre aux désirs les plus profonds d'Olivia, en réalité ne lui plaisait pas du tout, et son agacement devait trouver à s'épancher au cours de ce même dîner.

« Comme tu es ennuyeux, monotone », commença-t-elle à dire, en reprenant une de ses polémiques contre mon tempérament peu communicatif et mon habitude de lui confier entièrement la tâche d'animer la conversation, cette polémique-là se rallumait surtout lorsque nous nous retrouvions entre quatre yeux à la table d'un restaurant, avec réquisitoires articulés en chefs d'accusation dont je ne pouvais pas ne pas reconnaître les fondements de vérité, mais où je repérais aussi les raisons fondamentales de la cohésion de notre couple : c'est-à-dire qu'Olivia voyait et savait saisir, puis isoler et définir rapidement beaucoup plus de choses que moi, et c'est aussi pourquoi mon rapport avec le monde passait essentiellement à travers elle. « Tu es toujours plongé en toi-même, incapable de participer à ce qui t'entoure, de te dépenser pour ton prochain, jamais de ta part une vibration d'enthousiasme, et toujours prêt à glacer l'enthousiasme des autres, décourageant, indifférent. » Dans l'inventaire de mes défauts elle ajouta, cette fois-ci, un adjectif nouveau, ou tel qu'il se chargeait, à mes oreilles, d'une signification nouvelle : « Insipide ! »

Voilà, pensai-je, j'étais insipide, et la cuisine mexicaine avec toute son audace et son imagination était nécessaire pour qu'Olivia pût se nourrir de moi avec satisfaction, les saveurs les plus vives étaient le complément, voire le moyen de communication indispensable : comme un haut-parleur qui eût amplifié les sons, pour qu'Olivia pût s'alimenter de ma substance.

« Il se peut très bien que je te semble insipide, protestai-je, mais il existe des gammes de saveurs plus discrètes et contenues que celle des piments, il existe des arômes subtils qu'il faut savoir saisir !

— La cuisine est l'art de donner du relief aux saveurs par d'autres saveurs, répliqua Olivia, mais, si la matière première est fade, aucun condiment ne peut relever une saveur qui n'existe pas ! »

Le lendemain, Salustiano Velazco voulut nous accompagner personnellement pour visiter certaines fouilles récentes, non fréquentées encore par les touristes.

Une statue de pierre s'élevait à peine au-dessus du sol, silhouette caractéristique que nous avions appris à reconnaître dès les premiers jours de nos pérégrinations archéologiques mexicaines : le *chac-mool*, figure humaine à demi allongée, en une pose quasiment étrusque, qui tient un plateau posé sur son ventre, on dirait un pantin mal dégrossi et débonnaire, mais c'est sur ce plateau qu'on offrait les cœurs des victimes au dieu.

« Messager des dieux : qu'est-ce que cela veut dire ? », demandai-je, ayant lu cette définition dans un guide. « Est-ce un démon envoyé sur terre par les dieux pour prendre livraison des offrandes ? Ou bien un émissaire des hommes qui doit aller à la rencontre des dieux et leur tendre la nourriture ? »

« Qui sait... », répondit Salustiano avec l'air d'incertitude qu'il prenait face à ces questions insolubles, comme attentif aux voix intérieures dont il disposait en tant que manuels que sa science consultait. « Ce pourrait être la victime elle-même, couchée sur l'autel, qui offre ses viscères sur le plat... Ou le sacrificateur qui prend la pose de la victime, parce qu'il sait que demain ce sera son tour... Sans cette réversibilité, le sacrifice humain serait impensable... Tous étaient potentiellement sacrificateurs et victimes... La victime acceptait d'être victime parce qu'elle avait lutté pour capturer les autres et en faire autant de victimes... »

« Ils pouvaient être mangés parce qu'ils étaient eux-mêmes des mangeurs d'hommes ? », ajouté-je, mais Salustiano est désormais en train de parler du serpent comme symbole de la continuité de la vie et du cosmos.

Entre-temps, j'avais compris. Mon erreur avec Olivia était de me considérer mangé par elle, alors que j'aurais dû être, et j'étais même (j'avais toujours été) celui qui la mangeait. La chair humaine au goût le plus attrayant est celle de qui mange de la chair humaine. Ce n'était qu'en me nourrissant avec voracité d'Olivia que je serais parvenu à ne plus être insipide pour son palais.

C'est fort de ce propos que je m'assis ce soir-là avec elle au dîner. « Mais qu'est-ce que tu as ? Tu es étrange ce soir », dit Olivia à qui rien n'échappait jamais. Le plat qu'on nous avait servi s'appelait *gorditas pellizcadas con manteca*, littéralement « potelées pincées au beurre ». Je me concentrais pour dévorer en chacune de ces boulettes de viande toute la fragrance d'Olivia à travers une mastication voluptueuse, une extraction vampiresque de sucs vitaux, mais je m'apercevais qu'un quatrième élément, qui prenait un rôle majeur, s'insérait dans ce qui aurait dû être un rapport à trois, moi-boulette-Olivia : c'était le nom même de ces boulettes. C'était ce nom, *gorditas pellizcadas con manteca*, que je savourais surtout, et assimilais et possédais. Si bien que la magie du nom continua d'agir sur moi même après le repas, quand, à la nuit tombée, nous nous retirâmes ensemble dans notre chambre d'hôtel. Et, pour la première fois au cours de notre voyage au Mexique, le charme dont nous avions été les victimes fut rompu : l'inspiration qui avait favorisé les meilleurs moments de notre cohabitation revint nous visiter.

Nous nous retrouvâmes, au matin, assis dans notre lit en position de *chac-mool* avec sur le visage l'expression atone des statues de pierre, et sur les genoux le plateau du petit déjeuner anonyme de l'hôtel, auquel nous cherchions à ajouter des saveurs locales en demandant qu'il fût accompagné de *mangos, papayas, chirimoyas, guayabas*, fruits qui recèlent dans la douceur de leur pulpe des messages subtils d'aigreur et d'âpreté.

Notre voyage se déplaça dans les territoires mayas. Les temples de Palenque émergent de la forêt tropicale, dominés par d'épaisses montagnes de végétation : d'énormes ficus aux troncs multiples comme des racines, des *maculis* aux feuillages couleur lilas, des *aguacates*, chaque arbre enveloppé dans un manteau de lianes, de plantes grimpantes ou pendantes. Ce fut en descendant l'escalier abrupt du temple des Inscriptions que je fus pris de vertiges. Olivia, qui n'aimait pas les escaliers, n'avait pas voulu me suivre et était restée mêlée à la foule de touristes bruyants — sons et couleurs — que les cars déversaient et ingurgitaient sans cesse sur l'esplanade que les temples encadraient. J'avais grimpé tout seul jusqu'au temple du Soleil, jusqu'au bas-relief du soleil jaguar, au temple de la Croix en forme de feuille, jusqu'au bas-relief du *quetzál* (le colibri) vu de profil, et ensuite au temple des Inscriptions, qui ne comporte pas seulement la montée (avec la descente y relative) de l'escalier monumental, mais aussi la descente dans l'obscurité (avec la remontée y relative) du petit escalier conduisant à la crypte souterraine. Dans la crypte se trouve le tombeau du roi-prêtre (que j'avais déjà pu observer beaucoup plus aisément quelques jours avant dans un fac-similé parfait au musée d'Anthropologie de la ville de Mexico) avec la plaque en pierre sculptée très compliquée sur laquelle on voit le roi manœuvrer une machinerie de science-fiction, semblable, à nos yeux, à celles qui servent à lancer les fusées spatiales, mais représentant en réalité la descente du corps vers les dieux souterrains et sa renaissance à travers la végétation.

Je descendis, je remontai à la lumière du soleil jaguar, dans l'océan de lymphe verte des feuilles. Le monde tourbillonna, je tombais égorgé par le couteau du roi-prêtre jusqu'en bas des grandes marches, sur la forêt de touristes, caméras et sombreros usurpés, à larges bords ; l'énergie du soleil coulait à travers de très denses réseaux de sang et de chlorophylle, et je vivais et je mourais dans toutes les fibres de ce qui est mâché et digéré, et dans toutes les fibres qui, en mangeant et digérant, s'approprient le soleil.

Sous la pergola couverte de paille d'un restaurant au bord d'un fleuve, où Olivia m'avait attendu, nos dents commencèrent à bouger lentement d'un même rythme, et nos regards se fixèrent l'un dans l'autre avec l'intensité propre aux serpents. Serpents plongés dans le supplice de s'avaler mutuellement, avec la conscience d'être à notre tour avalés par le serpent qui nous digère tous et nous assimile sans arrêt dans le processus d'ingestion et de digestion du cannibalisme universel qui donne son empreinte à tout rapport amoureux et qui annule les confins entre nos corps et la *sopa de frijoles*, le *huacinango a la veracruzana* et les *enchiladas*...

Un roi à l'écoute

Le sceptre doit être tenu de la main droite, et bien dressé, gare à toi si tu le laisses pencher, d'ailleurs tu ne trouverais aucun endroit où le poser, près du trône pas de petites tables ni d'étagères ni de tréteaux où mettre, que sais-je, un verre, un cendrier, un téléphone, le trône est isolé, haut perché sur des marches étroites et raides, tout ce que tu laisses tomber roule et ne se retrouve plus. Gare à toi si le sceptre t'échappe des mains, tu devrais te lever, descendre du trône pour le ramasser, personne ne peut le toucher hors le roi; et ce n'est pas beau un roi qui se couche par terre pour rattraper le sceptre qui a glissé sous un meuble, ou la couronne, qui s'en va rouler facilement pour peu que tu te penches en avant.

L'avant-bras, tu peux le tenir appuyé sur l'accoudoir pour qu'il ne se fatigue pas : je parle toujours de la main droite, celle qui empoigne le sceptre, quant à la gauche, elle est libre; tu peux te gratter, si tu veux; parfois, le manteau d'hermine transmet au cou un prurit qui se propage dans le dos, tout le long du corps. Le velours du coussin aussi, en se réchauffant, provoque aux fesses et aux cuisses une sensation irritante. Ne te fais aucun scrupule à fourrer tes doigts là où ça te démange, à défaire ton ceinturon à boucle dorée, à écarter le collier, les médailles, les épaulettes à franges. Tu es roi, personne n'a rien à y redire, il ne manquerait plus que ça.

Ta tête, tu dois la garder immobile, n'oublie pas que la couronne est en équilibre là-haut sur ta caboche, tu ne peux pas l'enfoncer jusqu'aux oreilles comme un béret par une journée de vent ; la couronne s'achève par une coupole plus volumineuse que la base qui la soutient, autant dire qu'elle se trouve en position instable : s'il t'arrive de t'assoupir, de laisser aller ton menton sur ta poitrine, elle finira par dégringoler et se briser en morceaux, car elle est fragile, surtout dans les parties en filigrane d'or serties de brillants. Quand tu sens qu'elle va glisser, tu dois être assez adroit pour rectifier sa position par de petites secousses de la tête, mais il faut que tu fasses attention à ne pas te redresser trop vivement, elle risquerait de heurter le baldaquin qui la frôle de ses draperies. Tu dois, en somme, conserver ce maintien royal qu'on suppose connaturel à ta personne.

Quel besoin aurais-tu, d'ailleurs, de te mettre en mal de quoi que ce soit ? Tu es roi, tout ce que tu désires tu l'as déjà. Il suffit que tu lèves un doigt pour qu'on t'apporte de quoi boire ou manger, des gommes à mâcher, des cure-dents, toutes les marques de cigarettes, et le tout sur un plateau d'argent ; si tu t'assoupis, le trône est confortable, rembourré, il suffit que tu fermes un peu les yeux et que tu t'abandonnes contre le dossier, tout en gardant, en apparence, la position de toujours : que tu sois éveillé ou endormi, cela ne change rien, personne ne s'en rend compte. Pour tes besoins corporels, ce n'est un secret pour personne que le trône est troué, comme tout trône qui se respecte, deux fois par jour, on vient changer le pot; et plus souvent si cela pue.

Tout, en somme, a été prévu afin de t'éviter le moindre déplacement. Tu n'aurais rien à gagner en bougeant, et tout à perdre. Si tu te lèves, si tu t'éloignes même de quelques pas, si tu perds de vue le trône ne serait-ce qu'un instant, qui peut t'assurer de ne pas trouver, à ton retour, quelqu'un d'autre assis dessus? Quelqu'un qui te ressemble, peut-être, comme deux gouttes d'eau. Et alors va prouver que le roi, c'est toi, et non pas lui! Un roi se reconnaît au fait qu'il est assis sur son trône, qu'il porte la couronne et le sceptre. Ces attributs étant à toi à présent, mieux vaut que tu ne t'en sépares pas fût-ce un instant.

Il y a le problème de te dégourdir les jambes, d'éviter le fourmillement, l'ankylose des articulations : c'est un inconvénient grave, certes. Mais tu peux toujours lancer des coups de pied, soulever les genoux, te blottir sur le trône, t'asseoir à la turque, pour des périodes brèves, évidemment, quand les questions d'État le permettent. Chaque soir arrivent ceux qui sont chargés de te laver les pieds et qui t'enlèvent tes bottes pendant un quart d'heure; le matin, les préposés au service des déodorants frottent tes aisselles avec des tampons d'ouate parfumée.

On a même prévu l'éventualité que tu sois saisi de désirs charnels. Des dames de cour, choisies et dressées opportunément, des plus fortes aux plus sveltes, sont à ta disposition, à tour de rôle, pour gravir les marches de ton trône et approcher de tes genoux frémissants leurs larges jupons vaporeux et voltigeants. Les choses qu'il t'est possible de faire, en restant sur ton trône alors qu'elles se présentent ou frontalement, ou de dos, ou de biais, sont variées, et tu peux les expédier en quelques instants, ou bien, si les tâches du royaume te laissent assez de temps libre, tu peux t'y attarder plus longuement, disons jusqu'à trois quarts d'heure; dans ce cas, il est de bonne règle qu'on ferme les rideaux du baldaquin, soustrayant ainsi l'intimité du roi aux regards étrangers, pendant que les musiciens entonnent des mélodies caressantes.

Le trône, en somme, une fois que tu as été couronné, ton intérêt est d'y rester bien assis sans bouger, jour et nuit. Toute ta vie jusque-là n'avait été rien d'autre que l'attente de devenir roi, à présent, tu es roi, il ne te reste qu'à régner. Et qu'est-ce que régner, sinon cette autre longue attente? L'attente du moment où tu seras déposé, où tu devras quitter le trône, le sceptre, la couronne, et ta tête.

Les heures sont longues à passer, dans la salle du trône, la lumière des lampes est toujours la même. Tu écoutes le temps qui passe : comme un ronflement du vent, le vent souffle dans les couloirs du palais, à moins que ce ne soit au fond de ton oreille. Les rois n'ont pas de montre : on suppose que ce sont eux qui gouvernent le flux du temps; la soumission aux règles d'un dispositif mécanique serait incompatible avec la majesté royale. L'étendue uniforme des minutes menace de te recouvrir comme une lente avalanche de sable : mais tu sais comment lui échapper. Il te suffit de tendre l'oreille et d'apprendre à reconnaître les bruits du palais, qui changent d'heure en heure : au matin retentit la trompette de l'envoi des couleurs sur la tour, les camions de l'Intendance royale déchargent bidons et paniers dans la cour de la dépense, les femmes de chambre battent les tapis sur la balustrade de la loggia, le soir, les grilles qui se referment grincent, des cuisines monte un cliquetis de vaisselle, des écuries quelques hennissements signalent qu'il est l'heure d'étriller.

Le palais est une horloge : ses chiffres sonores suivent le cours du soleil, des aiguilles invisibles indiquent le changement de la garde sur les talus dans un piétinement de semelles cloutées, un claquement de crosses de fusils, à quoi répond le crissement du gravier sous les chenilles des tanks en exercice sur l'esplanade. Si les bruits se répètent dans l'ordre habituel, avec les intervalles voulus, tu peux te rassurer, ton règne ne court aucun danger : à l'instant, pour l'heure, pour ce jour au moins.

Affalé sur ton trône, tu portes la main à ton oreille, tu écartes les draperies du baldaquin pour éviter qu'elles n'étouffent quelque chuchotement ou écho que ce soit. Les journées sont pour toi une succession de sons, tantôt nets, tantôt presque imperceptibles, tu as appris à les reconnaître, à en évaluer la provenance et la distance, tu en connais l'ordre, tu sais combien de temps durent les pauses, chaque grondement ou craquement ou tintement qui va parvenir jusqu'à ton tympan, tu l'attends déjà, tu le devances en imagination, s'il tarde à se produire tu t'impatientes. Ton anxiété n'a pas de relâche tant que le fil de l'ouïe ne s'est pas renoué, que la chaîne des bruits bien connus ne s'est pas raccommodée au point où une lacune semblait s'ouvrir.

Les salles d'accueil, les loges et les couloirs, les escaliers monumentaux du palais ont des plafonds très hauts, voûtés : chaque pas, chaque bruit de serrure, chaque éternuement retentit, résonne, se propage horizontalement à travers une suite de salles communicantes, de vestibules, de colonnades, de portes de service ; et verticalement à travers cages d'escalier ou de monte-charge, interstices, puits de lumière, conduites, manteaux de cheminées; et tous ces parcours acoustiques viennent converger dans la salle du trône. Dans le grand lac de silence où tu flottes, se jettent des fleuves d'air agité par des vibrations intermittentes : tu les interceptes et les déchiffres, attentif, absorbé. Le palais n'est que volutes et lobes, une grande oreille où anatomie et architecture échangent leurs noms et leurs fonctions : pavillons, trompes, tympans, colimaçons, labyrinthes, tu es tapi au fond, dans la zone la plus intérieure du palais-oreille, de ton oreille, le palais est l'oreille du roi.

Les murs ont ici des oreilles. Des espions sont postés derrière tous les rideaux, toutes les courtines, toutes les tapisseries. Les espions, les agents de ton service secret, chargés de rédiger de minutieux rapports sur les conjurations qu'abrite le palais. La cour pullule d'ennemis, à tel point qu'il est de plus en plus difficile de les distinguer des amis : on peut tenir pour sûr que la conjuration qui te détrônera sera formée de tes ministres et dignitaires. Et tu sais qu'il n'y a pas de service secret qui ne soit infiltré par des agents du service secret adverse. Il se peut que tous les agents que tu rétribues travaillent aussi pour les conjurés, qu'ils soient eux-mêmes des conjurés; cela t'oblige justement à continuer de les rémunérer pour t'assurer d'eux le plus longtemps possible.

Des plis volumineux de rapports secrets sont pondus tous les jours par les machines électroniques et déposés sur les marches du trône à tes pieds. Inutile que tu les lises : les espions ne peuvent que confirmer l'existence de conjurations, qui justifie la nécessité de leur espionnage, et doivent en même temps démentir tout danger immédiat, ce qui prouve l'efficacité de leur espionnage. Personne, d'ailleurs, ne pense que tu doives lire les rapports qu'on t'adresse : dans la salle du trône, il n'y a pas assez de lumière pour lire, et puis l'on suppose qu'un roi n'a besoin de rien lire, le roi sait déjà ce qu'il doit savoir. Le cliquetis des machines électroniques, que tu entends monter des bureaux des services secrets pendant les huit heures de travail réglementaires, suffit pour te rassurer. Une foule d'opérateurs fait entrer en mémoire de nouvelles données, surveille sur les écrans des tabulations compliquées, extrait des imprimantes de nouveaux rapports qui sont probablement toujours le même rapport répété jour après jour avec d'infimes variantes qui concernent la pluie ou le beau temps. Ce sont ces mêmes imprimantes qui, avec d'infimes variantes, pondent les circulaires secrètes des conjurés, les ordres de service des mutineries, les plans détaillés de ta déposition et de ta mise à mort.

Tu peux les lire, si tu veux. Ou faire semblant de les avoir lus. Ce que l'écoute des espions enregistre, suivant tes ordres comme ceux de tes ennemis, c'est ce qui peut se laisser traduire dans les formules des codes, introduire dans des programmes étudiés expressément pour produire des rapports secrets en conformité avec les modèles officiels. Tout menaçant ou rassurant qu'il soit, l'avenir que ces feuillets déroulent ne t'appartient plus, ne résout pas ton incertitude. Ce que tu aimerais qu'on te révèle est autre, autres la peur et l'espoir qui te plongent dans l'insomnie, le souffle en suspens dans la nuit, et ce que tes oreilles cherchent à apprendre : sur toi, sur ton destin.

Ce palais, quand tu es monté sur le trône, au moment même où il est devenu ton palais, il t'est devenu étranger.

Tandis que tu défilais en tête du cortège du couronnement, tu l'as traversé pour la dernière fois, entre les flambeaux et les oriflammes, avant de t'enfermer dans cette salle d'où il n'est ni prudent ni conforme à l'étiquette royale de t'éloigner. Que ferait un roi en balade à travers couloirs, bureaux et cuisines ? Il n'y a plus de place pour toi dans le palais : hormis cette salle.

Le souvenir des autres pièces, telles que tu les as vues cette dernière fois, a vite pâli dans ta mémoire ; d'ailleurs, parées comme elles l'étaient pour la fête, c'étaient des lieux méconnaissables, tu t'y perdrais.

Plus nets dans ta mémoire sont restés certains instantanés des jours de bataille, où tu montais à l'assaut du palais, à la tête de tes fidèles d'alors (qui, à présent, se préparent certainement à te trahir) : les pans de balustrades que des coups de mortier avaient renversés, les brèches ouvertes dans des murs noircis par l'incendie ou grêlés par les rafales. Tu ne parviens plus à imaginer que c'était là ce même palais dans lequel maintenant tu trônes, si tu t'y retrouvais, ce serait signe que le cycle s'est accompli et que la chute t'emporte au loin à ton tour.

Auparavant, pendant ces années que tu as passées à tramer des intrigues à la cour de ton prédécesseur, le palais que tu voyais était un autre encore, parce que seules certaines pièces étaient assignées au personnel de ton rang, et que tu projetais ton ambition dans les changements que tu ferais subir aux lieux, à peine devenu roi. Le premier ordre que donne tout nouveau roi, dés qu'il s'installe sur le trône, est de changer la disposition et la destination de chaque pièce, son mobilier, ses tapisseries, ses stucs. Tu l'as fait, toi aussi, croyant marquer de la sorte ta véritable prise de possession. Mais tu n'as fait, en réalité, que jeter d'autres souvenirs dans les broyeurs d'oubli, d'où rien ne se récupère.

Certes, il y a dans le palais des salles dites historiques que tu aimerais revoir, même si elles ont été refaites de fond en comble pour leur rendre cet air ancien qui se perd avec le temps. Mais ce sont celles qui ont été récemment ouvertes aux visites des touristes. Tu dois t'en tenir à l'écart : blotti sur ton trône, tu reconnais dans ton calendrier de sons les jours de visite au bruit des autocars qui s'arrêtent sur l'esplanade, au jacassement des cicérones, aux chœurs d'exclamations admiratives en diverses langues. Même les jours de fermeture, on te déconseille formellement de t'aventurer de ce côté-là : tu trébucherais dans les balais, les seaux et les bidons de détergent des préposés à l'entretien. La nuit, tu te perdrais, arrêté par les yeux rougeoyants des signaux d'alarme qui te barreraient le chemin, et tu te retrouverais, le lendemain, bloqué par les groupes de touristes armés de caméras : régiments de vieilles dames à dentier et voilette bleutée par-dessus leur permanente, messieurs obèses en chemise à fleurs flottant hors du pantalon et chapeau de paille à larges bords.

Si ton palais demeure pour toi inconnu et inconnaissable, tu peux tenter de le reconstruire morceau par morceau, en situant chaque piétinement, chaque accès de toux en un point particulier de l'espace, imaginant autour de chaque signe sonore des murs, des plafonds, des planchers, donnant une forme au vide à travers lequel se propagent les bruits et aux obstacles auxquels ils se heurtent, faisant en sorte que les sons mêmes suggèrent les images correspondantes. Un tintement argentin ce n'est pas simplement une petite cuillère qui tombe de la soucoupe sur laquelle

elle était en déséquilibre, c'est aussi un coin de table recouvert d'une nappe de lin avec des franges en dentelle, éclairée par une grande baie vitrée d'où pendent des tiges de glycine; un bruit sourd et souple, ce n'est pas seulement un chat qui bondit sur une souris, c'est aussi une soupente humide et moisie, interdite par des planches hérissées de clous.

Le palais est une construction sonore qui tantôt se dilate, tantôt se contracte, tenue serrée comme par un nœud de chaînes. Tu peux le parcourir en te laissant guider par les échos, en localisant craquements, grincements, imprécations, en suivant à la trace souffles, bruissements, marmottements, gargouillements.

Le palais est le corps du roi. Ton corps t'adresse de mystérieux messages, que tu reçois avec un sentiment de crainte, d'anxiété. Dans une partie méconnue de ce corps, se niche une menace, ta mort est déjà là, à l'affût, les signaux qui te parviennent t'avertissent sans doute d'un danger enseveli à l'intérieur de toi. Ce qui est assis de guingois sur le trône, ce n'est plus ton corps, tu es privé de son usage depuis que la couronne a ceint ton chef, désormais, ta personne a les dimensions de cette maison sombre, étrangère, qui te parle par énigmes. Mais quelque chose a-t-il vraiment changé? Même auparavant, tu ne savais que peu de chose ou rien de ce que tu étais. Et tu en avais peur, comme à présent.

Le palais est un entrelacs de sons réguliers, toujours les mêmes, comme le battement du cœur, d'où se détachent d'autres sons discordants, imprévus. Une porte claque, où çà? Quelqu'un court dans l'escalier, on perçoit un cri étouffé. De longues minutes d'attente passent. Un sifflement résonne, long, aigu, descendu peut-être d'une fenêtre de la tour. Un autre sifflement répond, venu d'en bas. Puis, le silence.

Existe-t-il une histoire qui relie un bruit à un autre ? Tu ne peux t'empêcher de chercher un sens, qui se cache peut-être non dans chacun de ces bruits isolés mais entre eux, dans les pauses qui les séparent. Et, s'il existe une histoire, est-ce une histoire qui te concerne ? Une suite de conséquences qui finiront par t'impliquer ? Ou s'agit-il seulement d'un épisode indifférent parmi tous ceux dont se compose la vie quotidienne du palais ? Chaque histoire que tu penses deviner renvoie à ta personne, rien ne se passe dans le palais où le roi ne joue un rôle, actif ou passif. De l'indice le plus faible, tu peux tirer un augure sur ton sort.

Pour qui vit dans l'anxiété, tout signe qui rompt la norme apparaît comme une menace. Le moindre événement sonore te semble annoncer l'accomplissement de tes craintes. Mais le contraire ne pourrait-il pas être aussi vrai ? Prisonnier d'une cage de répétitions cycliques, tu tends l'oreille dans l'espoir, à chaque note, qu'elle va bouleverser ce rythme suffocant, à chaque annonce, qu'elle prépare une surprise, l'ouverture des barreaux, les chaînes brisées.

Peut-être la menace tient-elle plus aux silences qu'aux bruits. Depuis combien d'heures n'as-tu pas entendu la relève des sentinelles ? Et si l'escouade des gardes qui te sont fidèles avait été capturée par les conjurés ? Pourquoi n'entend-on pas, comme toujours, tinter les casseroles dans les cuisines ? Peut-être les cuisiniers fidèles ont-ils été remplacés par une équipe de tueurs à gages qui ont l'habitude d'envelopper de silence tous leurs gestes, d'empoisonneurs qui sont en train d'imbiber silencieusement les plats de cyanure...

Peut-être est-ce au contraire justement dans la régularité que se cache le danger. Le clairon fait retentir sa sonnerie coutumière à l'heure exacte de tous les jours : n'as-tu pas l'impression qu'il y met une précision excessive? Ne remarques-tu pas une étrange obstination dans le roulement des tambours, comme un excès de zèle? Le pas de l'escouade en marche qui se répercute le long du chemin de ronde semble observer aujourd'hui une cadence lugubre, celle presque d'un peloton d'exécution... Les chenilles des tanks glissent sur le gravier presque sans crisser, comme si les mécanismes avaient été huilés plus que d'habitude : en vue, peut-être, d'un combat?

Les troupes de la garde ne sont peut-être plus celles qui t'étaient fidèles... Ou bien, sans avoir été remplacées, elles seront passées du côté des conjurés... Peut-être que tout continue comme avant, mais que le palais est déjà aux mains des usurpateurs, on ne t'a pas encore arrêté parce que désormais tu ne comptes plus pour rien, on t'a oublié sur un trône qui n'est plus le trône. Le déroulement régulier de la vie du palais est le signe que le coup d'État a bien eu lieu, un nouveau roi siège sur un nouveau trône, ta condamnation a été prononcée, à ce point irrévocable qu'il n'y a aucune raison de s'empresser de l'exécuter...

Ne délire pas. Tout ce que l'on entend bouger dans le palais répond exactement aux règles que tu as imparties : l'armée obéit à tes ordres avec une précision d'horlogerie, le cérémonial du palais ne permet pas la moindre variante quand il s'agit de dresser ou de desservir la table, de faire coulisser les rideaux ou de dérouler les tapis d'honneur selon les dispositions retenues, les programmes radiophoniques sont ceux que tu as une fois pour toutes établis. Tu as la situation en main, rien n'échappc à ta volonté ou à ton contrôle. Même la grenouille qui coasse dans le bassin, les criailleries des enfants qui jouent à colin-maillard, la culbute du vieux chambellan dans les escaliers, tout répond à ton dessein, tout a été pensé par toi, décidé, délibéré avant de devenir audible à ton oreille. Pas une seule mouche ne vole ici sans que tu le veuilles.

Mais peut-être n'as-tu jamais été si proche de tout perdre qu'à présent où tu crois tout enserrer dans ton poing. La responsabilité de penser le palais en chacun de ses détails, de le contenir dans ton esprit, t'oblige à un effort épuisant. L'obstination sur laquelle le pouvoir se fonde n'est jamais aussi fragile qu'au moment où elle triomphe.

Il y a près du trône un angle dans le mur d'où parfois tu entends venir une sorte de grondement : des coups lointains, comme si on frappait à une porte. Y a-t-il quelqu'un qui frappe de l'autre côté du mur ? Mais, plutôt que d'un mur, il s'agit peut-être d'un pilier ou d'un montant qui dépasse, voire d'une colonne creuse à l'intérieur, peut-être d'un conduit vertical qui traverse tous les étages du palais, des caves jusqu'au toit, par exemple un conduit de fumée qui part des chaudières. Par cette voie, les bruits se transmettent sur toute la hauteur de la construction, en un point du palais, on ne sait à quel étage, mais certainement audessus ou en dessous de la salle du trône, quelque chose bat contre le pilier, quelque chose ou quelqu'un, quelqu'un qui frappe rythmiquement de son poing, à leur résonance étouffée, on dirait que ces coups viennent de loin. Des coups qui émergent d'un fond sombre, oui, de tout en bas, des coups qui remontent d'un sous-sol. Seraient-ce des signaux ?

En allongeant le bras, tu peux frapper du poing contre le pan de mur. Reproduis les coups tels que tu viens de les entendre. Silence. Voilà qu'on les entend de nouveau. L'ordonnancement des pauses et de la fréquence a un peu changé. Répète encore une fois. Attends. De nouveau une réponse ne tarde pas à se faire entendre. Aurais-tu établi un dialogue ?

Pour dialoguer, il faudrait que tu connaisses la langue. Une série de coups enchaînés, une pause, d'autres coups isolés : seraient-ce des signaux traduisibles en un code ? Quelqu'un est-il en train de former des lettres, des mots ? Quelqu'un veut-il communiquer avec toi ? A-t-il des choses urgentes à te dire ? Essaie avec la clé la plus simple : un coup, *a* ; deux coups, *b*... Ou bien pense au code Morse, essaie de distinguer sons brefs et longs... Parfois, il te semble que le message transmis consiste en un rythme, qu'il forme comme une séquence musicale : cela aussi prouverait la volonté d'attirer ton attention, de communiquer, de te parler... Mais cela ne te suffit pas : si les percussions se succèdent avec régularité, elles doivent former un mot, une phrase... Voilà que déjà tu voudrais projeter sur le défilé nu des sons ton désir de paroles rassurantes : « Majesté... Nous, fidèles, veillons... Nous déjouerons les pièges... Longue vie... » Est-ce cela qu'ils sont en train de te dire ? Est-ce cela que tu parviens à déchiffrer en essayant de mettre en application tous les codes imaginables ? Non, ce n'est rien de cela qui émerge. Le message qui en résulte pourrait bien être tout à fait différent, quelque chose du genre : « Chien bâtard d'usurpateur... Vengeance... Bientôt la chute... »

Calme-toi. Ce n'est peut-être qu'une impression. Seul le hasard a disposé cette combinaison-là de lettres et de mots. Il ne s'agit sans doute même pas de signaux : ce peut être le claquement d'un volet dans un courant d'air, ou un enfant qui fait rebondir sa balle, ou quelqu'un qui martèle des clous. Des clous... « Le cercueil... ton cercueil... — les coups à présent forment ces mots-là — ... je sortirai de ce cercueil... et tu y entreras... enterré vivant... » En somme, des mots sans aucun sens. Ton impression seule superpose des mots délirants à ce qui n'est que retentissements informes.

Autant imaginer que, lorsque tu frappes de la jointure de tes doigts le mur, en tambourinant au hasard, quelqu'un d'autre, à l'écoute qui sait où dans le palais, croit entendre des mots, des phrases. Essaie. Comme ça, sans y penser. Mais qu'est-ce que tu fais ? Pourquoi te concentres-tu à ce point, comme si tu étais en train d'épeler, d'articuler ? Quel message crois-tu acheminer ainsi à travers le mur ? « Usurpateur, tu l'étais toi aussi, avant moi... C'est moi qui ai vaincu... Et qui aurais pu te tuer... » Qu'es-tu en train de faire ? Tu essaies de te justifier confronté à un bruit invisible ? Qui es-tu en train de supplier ? « J'ai épargné ta vie... Si tu prends ta revanche... souviens-t'en... » Qui crois-tu qu'il y ait, là en bas, en train de taper contre le mur ? Crois-tu que ton prédécesseur soit encore vivant, le roi que tu as chassé du trône, de ce trône sur lequel tu sièges, le prisonnier que tu as fait enfermer dans la plus profonde cellule des souterrains du palais ?

Tu passes toutes tes nuits à écouter le tam-tam souterrain et à tenter inutilement de déchiffrer ses messages. Mais le doute demeure que ce soit là seulement un bruit qui résonne dans tes oreilles, les battements de ton cœur en émoi, ou le souvenir d'une cadence qui affleure à ta mémoire, y réveillant craintes et remords. Dans les voyages en train, la nuit, le trépignement toujours égal des roues se transforme, dans le demi-sommeil, en mots répétés, devient une sorte de chant monotone. Il est possible, et même probable, que chaque bouffée de sons prenne dans ton oreille la forme d'une plainte de prisonnier, d'une malédiction proférée par des victimes, de la respiration haletante des ennemis que tu n'arrives pas à faire mourir...

Tu fais bien d'écouter, de ne pas relâcher un seul instant ton attention, mais sois convaincu de ceci : c'est toi-même que tu es en train d'écouter, c'est au fond de toi que les fantômes prennent voix. Quelque chose que tu n'arrives pas à te dire à toi-même cherche douloureusement à se faire entendre... Tu n'en es pas convaincu ? Veux-tu une preuve certaine de ce que tous ces bruits viennent de l'intérieur de toi, non de l'extérieur ?

Jamais tu n'auras une preuve absolue. Car il est vrai que les souterrains du palais sont remplis de prisonniers, défenseurs du souverain déposé, courtisans suspects d'infidélité, inconnus tombés dans une de ces rafles que ta police fait périodiquement par précaution intimidatrice et qui finissent oubliés dans les cellules de sûreté... Étant donné que tous ces gens n'arrêtent pas, jour et nuit, de secouer leurs chaînes, de frapper à coups de cuillères contre les grilles, de scander des protestations, d'entonner des chants de sédition, il n'y aurait rien d'étonnant à ce que quelques échos de leur vacarme arrivent jusqu'à toi, bien que tu aies fait insonoriser les murs et les sols, et revêtir cette salle-ci de lourdes tentures. Il n'est pas exclu que ce qui te semblait tout à l'heure l'écho d'une percussion rythmée, et qui est devenu maintenant une espèce de tonnerre bas et sourd, vienne justement des souterrains. Tout palais repose sur des souterrains où quelque vivant est enterré, où quelque mort n'a pas trouvé la paix. Ce n'est pas la peine de te boucher les oreilles avec les mains : tu continueras à les entendre tout autant.

Ne te fixe pas sur les bruits du palais, si tu ne veux y rester pris comme dans un piège. Sors ! fuis ! prends le large ! Hors du palais s'étend la ville, la capitale du royaume, de ton royaume ! Tu es devenu roi pour posséder non pas ce palais triste et sombre, mais la ville variée, bigarrée, pleine de vacarme, aux mille voix !

La ville est allongée dans la nuit, lovée, elle dort et ronfle, elle rêve et gronde, des taches d'ombre et de lumière se déplacent chaque fois qu'elle se retourne d'un côté ou de l'autre. Chaque matin, les cloches carillonnent en signe de fête, sonnent le tocsin ou battent à toute volée : elles envoient des messages, mais tu ne peux jamais être sûr de ce qu'elles veulent vraiment te dire : avec le son du glas te parvient une musique éclatante de bal, emportée dans un même souffle de vent ; et, avec un carillon joyeux, une bordée de furieux hurlements. C'est le souffle de la ville que tu dois écouter, un souffle qui peut être aussi bien entrecoupé et haletant que serein et profond.

La ville, au fond de l'oreille, est un vrombissement lointain, un chuchotement de voix, un bourdonnement de roues. Quand tout est arrêté dans le palais, la ville bouge, les roues parcourent les rues, les rues courent comme des rayons de roues, les disques tournent sur les phonographes, la pointe gratte un vieux disque, la musique va et vient, par à-coups, elle oscille, se glisse dans le sillon vrombissant des rues, ou grimpe, tout en haut, avec le vent qui fait tourner les rotors des cheminées. La ville est une roue dont le pivot est le lieu où tu demeures immobile, à l'écoute.

La ville, en été, entre par les fenêtres ouvertes du palais, elle vole jusque-là avec toutes ses propres fenêtres ouvertes, ses voix, ses éclats de rires et de pleurs, le fracas des marteaux pneumatiques, le coassement des radios. Inutile que tu te penches au balcon, à voir les toits d'en haut tu ne reconnaîtrais rien de ces rues où tu n'as plus mis les pieds depuis le jour de ton couronnement, celui où le cortège avançait entre drapeaux, décorations et déploiements de la garde, et où tout déjà t'apparaissait méconnaissable, lointain.

La fraîcheur du soir n'arrive pas jusqu'à la salle du trône, mais tu la reconnais à ce bruissement de crépuscule d'été qui te rejoint jusqu'ici. Il vaut mieux que tu renonces à sortir sur le balcon : tu n'y gagnerais rien d'autre que de te faire piquer par les moustiques, et tu n'apprendrais rien qui ne soit déjà contenu dans ce vrombissement de coquillage, là contre ton oreille. La ville retient ce vrombissement d'océan comme dans les volutes d'un coquillage, ou d'une oreille : si tu te concentres pour en écouter les vagues, tu ne sais plus ce qui est palais, ce qui est ville, oreille, ou coquillage.

Parmi les sons de la ville, tu reconnais de temps à autre un accord, une séquence de notes, un motif : retentissements de fanfares, psalmodies de processions, chœurs d'écoliers, marches funèbres, chants révolutionnaires entonnés par un cortège de manifestants, hymnes chantés en ton honneur par les troupes qui dispersent le cortège et cherchent à recouvrir la voix des opposants, airs de danse que le haut-parleur d'un bar diffuse à plein volume pour convaincre que la ville continue sa vie heureuse, lamentations de femmes qui pleurent un mort tombé au cours des affrontements. C'est cela la musique que tu entends ; mais peut-on l'appeler musique ? A partir de n'importe quel éclat sonore, tu t'obstines à rassembler signaux, indices, informations, comme si, dans cette ville, tous ceux qui jouent de la musique, chantent, passent des disques ne voulaient rien d'autre que te transmettre des messages précis, univoques. Depuis que tu es monté sur le trône, ce que tu écoutes ce n'est pas la musique, mais simplement la confirmation de la manière dont on se sert d'elle : selon les rites de la bonne société, ou pour distraire la foule, pour sauvegarder les traditions, la culture, la mode. Tu te demandes maintenant ce qu'a pu vouloir dire pour toi jadis écouter de la musique pour le seul plaisir d'entrer dans le dessin de ses notes.

Autrefois, pour te rendre joyeux, il te suffisait d'esquisser des lèvres ou en pensée un tarataratata, imitant le motif saisi au fil d'une simple chansonnette ou dans une symphonie compliquée. Maintenant, tu peux bien essayer de faire tarataratata, il ne se passe rien : aucun motif ne te vient à l'esprit.

Il y avait une voix, une chanson, une voix de femme que le vent, de temps en temps, portait jusqu'ici en haut, jusqu'à toi, à travers quelque fenêtre ouverte, il y avait une chanson d'amour que, les nuits d'été, le vent portait jusqu'à toi par lambeaux, et à peine te semblait-il en avoir saisi quelques notes qu'elle se perdait déjà, tu n'étais jamais sûr de l'avoir vraiment entendue, de ne l'avoir pas seulement imaginée, de n'avoir pas seulement désiré l'entendre, c'était le rêve d'une voix de femme qui chantait dans le cauchemar de ta longue insomnie. Voilà ce que tu attendais, vigilant en silence : ce n'est plus la peur qui te fait tendre l'oreille. Dans chaque note, dans chaque timbre, dans chaque coloration de voix, tu recommences à entendre ce chant qui te parvient maintenant de la ville que la musique avait abandonnée.

Depuis longtemps tu ne te sentais plus attiré par rien, sans doute depuis le temps où toutes tes forces étaient engagées pour la conquête du trône. A présent, de cette agitation dévorante, tu n'as plus en mémoire que l'acharnement contre les ennemis à abattre, qui ne te laissait ni désirer ni imaginer autre chose. A cette époque c'était déjà une pensée de mort qui t'accompagnait, jour et nuit, tout comme maintenant où tu guettes la ville dans l'obscurité et le silence du couvre-feu que tu as imposé pour te défendre contre la révolte qui couve, où tu suis le piétinement des patrouilles de ronde dans les rues vides. Et quand, dans le noir, la voix d'une femme, invisible sur le rebord d'une fenêtre éteinte, s'abandonne au chant, voici que, soudain, des idées de vie te reviennent, tes désirs retrouvent un objet : lequel? Non pas cette chanson que tu dois avoir entendue trop de fois, non pas cette femme que tu n'as jamais vue : cette voix t'attire en tant que voix, telle qu'elle s'offre dans le chant.

Cette voix vient certainement d'une personne unique, irremplaçable comme toute personne, mais une voix n'est pas une personne, c'est quelque chose qui reste suspendu dans l'air, détaché de la solidité des choses. La voix aussi est unique et irremplaçable, mais peut-être différemment de la personne : elles pourraient ne pas se ressembler, la voix et la personne. Ou bien se ressembler d'une façon secrète, que l'on ne perçoit pas à première vue : la voix pourrait être l'équivalent de ce que la personne a de plus caché et de plus vrai. Est-ce un toi-même sans corps qui écoute cette voix sans corps ? Alors, que tu l'entendes vraiment ou que tu t'en souviennes ou que tu l'imagines, cela ne fait aucune différence.

Et pourtant, tu veux que ce soit vraiment ton oreille qui perçoive cette voix, et ce qui t'attire n'est donc pas simplement un souvenir ou une rêverie, mais la vibration d'une gorge de chair. Une voix signifie ceci : il y a quelqu'un de vivant, gorge, thorax, sentiments, qui lance dans l'air cette voix différente de toutes les autres voix. Une voix met en jeu la luette, la salive, l'enfance, la patine de la vie vécue, les intentions de l'esprit, le plaisir de donner une forme aux ondes sonores. Ce qui t'attire c'est le plaisir que cette voix met dans le fait d'exister : d'exister en tant que voix, mais ce plaisir te conduit à imaginer la manière dont la personne pourrait être différente de n'importe quelle autre autant que l'est sa voix.

Es-tu en train d'imaginer la femme qui chante ? Quelle que soit l'image que tu cherches dans ta fantaisie à lui attribuer, l'image-voix sera toujours plus riche. Tu souhaites certainement ne perdre aucune des possibilités qu'elle renferme ; c'est pourquoi il vaut mieux te contenter de la voix, résister à la tentation de courir hors du palais et d'explorer la ville rue après rue, jusqu'à ce que tu aies trouvé la femme qui chantait.

Mais il est impossible de te retenir. Il y a une partie de toi-même qui est en train de courir à la rencontre de la voix inconnue. Contaminé par son plaisir à se laisser entendre, tu voudrais, toi, que ton écoute soit entendue d'elle, tu voudrais être, toi aussi, une voix, écoutée par elle comme toi tu l'entends.

Dommage que tu ne saches pas chanter. Si tu avais su chanter, ta vie eût peut-être été différente : plus heureuse, ou triste d'une tristesse différente, d'une mélancolie harmonieuse. Tu n'aurais peut-être pas senti le besoin de devenir roi. Tu ne te trouverais pas ici, maintenant, sur ce trône qui craque, en train d'épier les ombres.

Enfouie au fond de toi-même, ta voix véritable existe peut-être : le chant qui ne sait pas se détacher de ta gorge serrée, de tes lèvres sèches et tirées. A moins que ta voix n'erre, perdue dans la ville, timbres et tons dispersés dans son bruissement. Ce que nul ne sait que tu es, ou que tu as été, ou que tu pourrais être, se révélerait là dans cette voix.

Essaie, concentre-toi, fais appel à tes forces secrètes. Maintenant ! Non, pas comme ça ! Essaie encore, sans te décourager. Et voilà, maintenant : miracle ! Tu n'en crois pas tes oreilles ! A qui appartient cette voix au timbre chaud de baryton qui s'élève, se module, s'accorde aux éclats argentins de sa voix à elle ? Qui est en train de chanter en duo avec elle, comme s'il s'agissait de deux faces complémentaires et symétriques de la même volonté de chanter ? C'est toi qui chantes, il n'y a pas de doute, c'est bien ta voix que tu peux enfin écouter sans en être gêné, sans qu'elle te paraisse étrangère.

Mais d'où les tires-tu ces notes, si ta poitrine demeure contractée et tes dents serrées ? Tu t'es persuadé que la ville n'était autre chose qu'une extension physique de ta personne : et d'où pourrait donc venir la voix du roi sinon du cœur même de la capitale de son royaume ? Avec la même finesse d'oreille qui t'a permis de saisir et de suivre jusqu'à ce jour le chant de la femme inconnue, tu rassembles à présent les mille fragments de sons qui, réunis, forment une voix incomparable, la voix qui est la tienne et rien de plus.

Voilà, concentre-toi, après avoir éloigné de ton ouïe toute intrusion et toute distraction : cette voix de femme qui t'appelle, et ta voix qui l'appelle, tu dois les capter ensemble dans la même intention d'écoute (ou veux-tu l'appeler regard de l'oreille ?). Maintenant ! Non, pas encore. Ne renonce pas, essaie de nouveau. Dans un instant, sa voix et la tienne se répondront et se confondront à tel point que tu ne sauras plus les distinguer...

Mais trop de sons s'interposent, frénétiques, coupants, féroces : sa voix disparaît, étouffée par le vrombissement de mort qui envahit le monde extérieur, ou qui résonne peut-être en toi. Tu l'as perdue, tu t'es perdu, la part de toi-même qui se projette dans l'espace des sons court maintenant à travers les rues parmi les patrouilles du couvre-feu. La vie des voix aura été un rêve, elle n'a peut-être duré que quelques secondes, comme font les rêves, tandis qu'au-dehors persiste le cauchemar.

Et pourtant, tu es le roi : si tu cherches une femme qui vit dans ta capitale, reconnaissable à sa voix, tu seras bien en mesure de la trouver. Lance tes espions, donne l'ordre de fouiller toutes les rues, toutes les maisons. Mais qui la connaît, cette voix ? Toi seul. Personne ne peut accomplir la recherche à part toi. Voilà : dès qu'un désir à réaliser se présente enfin à toi, tu te rends compte qu'il ne sert à rien d'être roi.

Attends, ne te décourage pas tout de suite, un roi a tant de ressources, est-il possible que tu ne saches pas inventer un système pour obtenir ce que tu veux ? Tu pourrais lancer un concours de chant : par ordre du roi toutes les sujettes du royaume qui ont une voix pour chanter agréablement se présenteraient au palais. Ce serait en outre une manœuvre politique adroite, susceptible de pacifier les esprits dans une époque de troubles, de renforcer les liens entre le peuple et la couronne. Tu peux imaginer facilement la scène : dans cette salle parée pour la fête, une estrade, un orchestre, un public composé de la fine fleur de la cour, et toi, impassible, sur le trône, à l'écoute de chaque son aigu, de chaque trille, avec l'attention qui convient à un juge impartial, soudain, tu lèves ton sceptre, tu proclames : « C'est elle ! »

Comment ne pas la reconnaître ? Nulle voix n'est plus différente de celles qui, d'habitude, chantent pour le roi, dans les salons éclairés par des lustres de cristal, parmi les kentias qui s'ouvrent en larges feuilles palmées, tu as assisté à tant de concerts en ton honneur, aux dates des anniversaires glorieux ; toute voix qui sait que le roi l'écoute acquiert un émail froid, une complaisance glacée. Cette autre, au contraire, était une voix qui venait de l'ombre, heureuse de se manifester sans sortir de l'obscurité qui la cachait et de jeter un pont vers toute présence qui demeurerait enveloppée dans cette même obscurité.

Mais es-tu sûr qu'ici, devant les marches du trône, ce serait bien la même voix ? Qu'elle ne chercherait pas à se poser comme celle des cantatrices de cour ? Qu'elle ne se confondrait pas avec les nombreuses voix que tu as pris l'habitude d'écouter en les approuvant avec condescendance non sans suivre le vol d'une mouche ?

Le seul moyen de la pousser à se révéler serait sa rencontre avec ta vraie voix, avec ce fantôme de ta voix propre que tu as rappelée du fond de la tempête sonore de la ville. Il te suffirait de chanter, de libérer cette voix que tu as toujours cachée à tous, et elle reconnaîtrait tout de suite celui que tu es vraiment, et alors elle unirait à la tienne sa voix, sa vraie voix.

Voici qu'une exclamation de surprise se propagerait à travers la cour : « Le roi chante... Écoutez comme le roi chante... » Mais la componction avec laquelle il est de bon aloi d'écouter le roi, quoi qu'il dise ou fasse, ne tarderait pas à prendre le dessus. Les visages et les gestes exprimeraient une approbation condescendante et mesurée, comme pour dire : « Sa Majesté daigne entonner une romance... », et tous tomberaient d'accord sur le fait qu'un récital de chant fait partie des prérogatives souveraines (sauf ensuite à te couvrir de dérisions et de vitupérations à voix basse).

En somme, tu aurais beau chanter, personne ne t'entendrait, ce n'est pas toi qu'ils entendraient, ta chanson, ta voix : ils entendraient le roi, de la manière dont le roi doit être entendu, accueillant ce qui vient d'en haut et ne signifie rien d'autre que l'immuable rapport entre qui est en haut et qui demeure en bas. Elle non plus, la destinataire unique de ton chant, ne pourrait t'entendre : ce ne serait pas ta voix qu'elle entendrait ; elle écouterait le roi, raidie dans sa révérence, avec le sourire prescrit par l'étiquette qui masque un refus préconçu.

Toute tentative de ta part pour sortir de ta cage est vouée à l'échec : inutile de te chercher toi-même dans un monde qui ne t'appartient pas, qui n'existe peut-être pas. Il n'y a pour toi que le palais, les grandes voûtes résonnantes, les tours des sentinelles, les tanks qui font crisser le gravier, l'animation des pas, dans l'escalier monumental, qui pourraient chaque fois être ceux qui annoncent ta fin. Ce sont là les seuls signes à travers lesquels le monde te parle, n'en détourne pas ton attention ne serait-ce qu'un instant, dès que tu te distrais, cet espace que tu as construit autour de toi pour contenir et contrôler tes peurs se déchire et éclate en morceaux.

Tu n'y arrives pas ? Tes oreilles retentissent de bruits nouveaux, insolites ? Tu n'es plus en mesure de discerner les clameurs qui viennent de l'extérieur et de l'intérieur du palais ? Il n'y a peut-être plus un intérieur et un extérieur : pendant que tu étais occupé à écouter les voix, les conjurés ont profité du relâchement de ta vigilance pour déchaîner la révolte.

Il n'y a plus de palais autour de toi, il n'y a qu'une nuit pleine de hurlements et de détonations. Où es-tu ? Es-tu encore vivant ? As-tu échappé aux auteurs de l'attentat qui ont fait irruption dans la salle du trône ? L'escalier secret t'a-t-il ouvert le chemin de la fuite ?

La ville a explosé, cris et flammes. La nuit a explosé, s'est renversée sur elle-même. Le silence et l'obscurité s'abîment en eux-mêmes et rejettent leur envers de feu et de hurlements. La ville se recroqueville comme une feuille qui brûle. Cours, sans couronne, sans sceptre, personne ne peut s'apercevoir que tu es le roi. Il n'y a pas de nuit plus sombre qu'une nuit d'incendie. Il n'est pas d'homme plus seul que celui qui court au milieu des hurlements d'une foule.

La nuit de la campagne veille sur les affres de la ville. L'alarme se propage avec les cris des oiseaux de nuit, mais plus elle s'éloigne des mers, plus elle se perd en bruissements dans l'obscurité de toujours : le vent dans les feuilles, la course des torrents, le coassement des grenouilles. L'espace se dilate dans le silence sonore de la nuit, où les événements sont des explosions ponctuelles de tonnerre qui soudain s'allument et s'éteignent : le fracas d'une branche qui se casse, le cri d'un loir quand un serpent entre dans sa tanière, deux chats en chaleur qui se battent, un éboulement de pierres sous tes pas de fugitif.

Tu souffles, tu souffles, sous le ciel sombre on ne croit entendre que ton halètement, le crépitement des feuilles sous tes pas qui butent. Pourquoi les grenouilles se sont-elles tues à présent ? Non, voici qu'elles recommencent. Un chien aboie… Arrête-toi. Les chiens se répondent au loin. Tu marches depuis si longtemps dans l'obscurité épaisse, tu as perdu toute idée de l'endroit où tu peux te trouver. Tu tends l'oreille. Il y a quelqu'un, là, qui halète comme toi. Où çà ?

La nuit n'est que souffles. Comme sorti de l'herbe, un vent s'est levé, très bas. Les grillons jamais ne se taisent, de toutes parts. Si tu isoles un bruit de l'autre, il semble éclater net soudain, en fait, il était là déjà, caché parmi tous les autres bruits.

Toi aussi, tu étais là déjà. Et maintenant ? Tu ne saurais répondre. Tu ne sais lequel de ces souffles est le tien. Tu ne sais plus écouter. Plus personne n'écoute personne. Seule la nuit est là pour s'écouter.

Tes pas résonnent. Au-dessus de ta tête, ce n'est plus le ciel. La paroi que tu touches était tout à l'heure recouverte de mousse, de moisissure, à présent il y a de la roche autour de toi, de la pierre nue. Si tu appelles, ta voix elle aussi se répercute… Où çà ? « Ohooo… Ohooo… » Tu as peut-être abouti dans une grotte : une caverne sans fin, une galerie souterraine…

Pendant des années, tu as fait creuser des souterrains sous le palais, sous la ville, avec des ramifications qui mènent en pleine campagne… Tu voulais te garantir la possibilité de te déplacer de n'importe quel côté sans être vu, tu croyais ne pouvoir maîtriser ton royaume qu'à partir des entrailles de la terre. Puis tu as laissé les excavations tomber en ruine. Te voici maintenant réfugié dans ta tanière. Ou prisonnier de ton propre piège. Tu te demandes si tu retrouveras jamais le chemin pour sortir de là. Sortir : mais où ?

Des coups. Dans la pierre. Sourds. Rythmés. Comme un signal ! D'où viennent-ils ? Tu reconnais cette cadence. C'est l'appel du prisonnier ! Réponds. Frappe, toi aussi, contre la paroi. Crie. Souviens-toi, le souterrain communique avec les cellules des prisonniers d'État...

Lui ne sait pas qui tu es : libérateur ou geôlier ? Ou plutôt quelqu'un qui s'est perdu sous terre, comme lui, coupé des nouvelles de la bataille là-haut dans la ville dont dépend son sort ?

S'il est en train d'errer hors de sa cellule, c'est bien le signe qu'ils sont venus lui ôter ses chaînes et ouvrir toutes grandes les grilles. Ils lui auront dit : « L'usurpateur est tombé ! Tu vas remonter sur le trône ! Tu reprendras possession du palais ! » Puis quelque chose a dû mal tourner. Une alarme, une contre-attaque des troupes royales, et les libérateurs sont partis en courant à travers les galeries, le laissant seul. Évidemment il s'est perdu. Sous ces voûtes de pierre aucune lumière n'arrive, aucun écho de ce qui se passe là haut.

Vous allez pouvoir vous parler maintenant, vous écouter, reconnaître vos voix. Lui diras-tu qui tu es ? Que tu as reconnu en lui celui que tu as tenu incarcéré pendant tant d'années ? Celui que tu entendais maudire ton nom et jurer de se venger ? Vous êtes à présent tous deux perdus sous terre, et ne savez pas lequel des deux est roi, lequel prisonnier. Il te semble presque que, de toute façon, ça ne change rien : il te semble avoir toujours été enfermé dans ce souterrain, envoyant de là des signaux... Il te semble que ton sort a toujours été en suspens, comme le sien...Un de vous deux restera ici-bas... Et l'autre...

Mais peut-être que lui, ici-bas, s'est toujours senti là-haut, sur le trône, avec la couronne sur la tête et le sceptre en main. Et toi ? Ne t'es-tu pas toujours senti prisonnier ? Comment un dialogue pourrait-il s'établir si chacun d'entre vous, au lieu des mots de l'autre, croit entendre les siens propres, répétés par l'écho ?

Pour l'un de vous deux, l'heure du salut approche, pour l'autre la ruine. Et pourtant, l'anxiété qui jamais ne te quittait semble s'être évanouie à présent. Tu écoutes les vrombissements et les bruissements sans plus éprouver le besoin de les distinguer et de les déchiffrer, comme s'ils composaient une seule musique. Une musique qui te remet en mémoire la voix de la femme inconnue. Mais s'agit-il d'un souvenir ou l'entends-tu vraiment ? Oui, c'est elle, c'est sa voix qui module ce motif comme un appel sous les voûtes de roche. Elle pourrait, elle aussi, s'être perdue, dans cette nuit de fin du monde. Réponds-lui, fais-toi entendre, adresse-lui un appel, afin qu'elle puisse, dans l'obscurité, trouver le chemin et te rejoindre. Pourquoi gardes-tu le silence ? La voix te manquerait-elle juste en ce moment ?

Voici un autre appel qui s'élève dans l'obscurité, à l'endroit même d'où venaient les mots du prisonnier. C'est un appel bien reconnaissable, qui répond à la femme, c'est *ta* voix, la voix à laquelle tu donnais forme pour lui répondre, l'extrayant de la poussière des sons de la ville, la voix que tu envoyais à sa rencontre depuis le silence de la salle du trône. Le prisonnier est en train de chanter ta chanson, comme s'il n'avait jamais fait autre chose que la chanter, comme si elle n'avait été chantée que par lui...

Elle, à son tour, réplique. Les deux voix vont à la rencontre l'une de l'autre, se superposent, se confondent, telles que tu les avais déjà entendues s'unir dans la nuit de la ville, sûr que c'était toi qui chantais avec elle. A présent, elle l'a certainement rejoint, tu entends leurs voix, vos deux voix, qui s'éloignent ensemble. Inutile que tu essaies de les suivre : déjà elles deviennent un murmure, un susurrement, s'évanouissent.

Si tu lèves les yeux, tu verras une lueur. Au-dessus de ta tête, le jour qui pointe éclaire le ciel : ce qui souffle sur ton visage, c'est le vent qui fait bouger les feuilles. Te voici de nouveau au grand air, les chiens aboient, les oiseaux s'éveillent, les couleurs reviennent à la surface du monde, les choses réoccupent l'espace, les êtres vivants donnent à nouveau des signes de vie. Tu es là, toi aussi, bien sûr, au milieu de ce fourmillement de bruits qui s'élèvent de tous côtés, dans le ronflement du courant, dans le battement des pistons, dans le grincement des engrenages. Quelque part, dans un pli de la terre, la ville s'éveille, avec ses claquements, ses martèlements, ses crépitements toujours croissants. Un vrombissement, un fracas, un grondement occupent maintenant tout l'espace, absorbent tous les appels, tous les soupirs, tous les sanglots...

Note

Le livre qu'Italo Calvino se proposait d'écrire aurait dû s'intituler *Les Cinq Sens*. La rédaction s'est interrompue après les trois contes que nous publions ici. Il manque donc les récits consacrés à la vue et au toucher.

Le récit qui donne son titre au recueil est paru dans le numéro de la revue *FMR* (édition italienne) du 1er juin 1982, sous le titre *Saveur Savoir*.

Le titre *Sous le soleil jaguar* a été repris conformément aux indications de l'auteur.

Table

Le nom, le nez 7

Sous le soleil jaguar 27

Un roi à l'écoute 55

DU MÊME AUTEUR

Le Vicomte pourfendu
Albin Michel, 1955
« Livre de poche », n° 3004

Le Baron perché
Seuil, 1959
et « Points », n° P 232

Le Chevalier inexistant
Seuil, 1962
et « Points », n° P 2

Aventures
Seuil, 1964
et « Points Roman », n° R 469
(éd. augmentée de quatre nouvelles)

La Journée d'un scrutateur
Seuil, 1966
et « Points », n° P 346

Cosmicomics
Seuil, 1968
et « Points », n° P 416

Temps zéro
Seuil, 1970
et « Points Roman », n° R 429

Les Villes invisibles
Seuil, 1974
et « Points », n° P 273

Tarots
Ricci, 1974

Le Château des destins croisés
Seuil, 1976
et « Points Roman », n° R 183

Steinberg
A. Maeght, « Derrière le miroir », 1977

Le Sentier des nids d'araignées
Julliard, 1978
« 10/18 », n° 1448

Marcovaldo ou les saisons en ville
Julliard, 1979
« 10/18 », n° 1411

Contes populaires italiens
Denoël, 1980-1984

Adami
A. Maeght, « Derrière le miroir », 1980

Le corbeau vient le dernier
Julliard, 1980
« 10/18 », n° 1447

Si par une nuit d'hiver un voyageur
Seuil, 1981
et « Points », n° P 90

Le Palais du sieur mort
« Folio junior », n° 12

Roland Furieux de Ludovic Arioste
raconté par Italo Calvino
« GF », n° 380

La Machine littérature
Seuil, 1984
et « La Librairie du XXe siècle », 1993

Palomar
Seuil, 1985
et « Points », n° P 391

Collection de sable
Seuil, 1986
et « Points Roman », n° R 418

Leçons américaines
Gallimard, 1989
et « Folio », n° 2410

La Spéculation immobilière
Seuil, 1990
et « Points Roman », n° R 522

La Route de San Giovanni
Seuil, 1991
et « Points Roman », n° R 591

Forêt, Racine, Labyrinthe
Seghers, 1991

Pourquoi lire les classiques
Seuil, « La Librairie du XXe siècle », 1993
et « Points », n° P 191

Romarine
« Kid Pocket », n° 11

La Grande Bonace des Antilles
Seuil, 1995

Contes italiens – Fiabe italiane
« Folio bilingue », n° 50

Le Pari aux trois colères
(en collab. avec Suzanne Jansen)
La Joie de lire, 1995

IMPRIMERIE BRODARD ET TAUPIN À LA FLÈCHE
DÉPÔT LÉGAL : JUIN 1997. N° 32130 (1481S-5)

Collection Points

DERNIERS TITRES PARUS

P370. L'Héritage Windsmith, *par Thierry Gandillot*
P371. Dolly, *par Anita Brookner*
P372. Autobiographie d'un cheval, *par John Hawkes*
P373. Châteaux de la colère, *par Alessandro Baricco*
P374. L'Amant du volcan, *par Susan Sontag*
P375. Chroniques de la haine ordinaire, *par Pierre Desproges*
P376. La Prière de l'absent, *par Tahar Ben Jelloun*
P377. La Plus Haute des solitudes, *par Tahar Ben Jelloun*
P378. Scarlett, si possible, *par Katherine Pancol*
P379. Journal, *par Jean-René Huguenin*
P380. Le Polygone étoilé, *par Kateb Yacine*
P381. La Chasse au lézard, *par William Boyd*
P382. Texas (tome 1), *par James A. Michener*
P383. Texas (tome 2), *par James A. Michener*
P384. Vivons heureux en attendant la mort
par Pierre Desproges
P385. Le Fils de l'ogre, *par Henri Gougaud*
P386. La neige tombait sur les cèdres, *par David Guterson*
P387. Les Seigneurs du thé, *par Hella S. Haasse*
P388. La Fille aux yeux de Botticelli, *par Herbert Lieberman*
P389. Tous les hommes morts, *par Lawrence Block*
P390. La Blonde en béton, *par Michael Connelly*
P391. Palomar, *par Italo Calvino*
P392. Sous le soleil jaguar, *par Italo Calvino*
P393. Félidés, *par Akif Pirinçci*
P394. Trois Heures du matin à New York, *par Herbert Lieberman*
P395. La Maison près du marais, *par Herbert Lieberman*
P396. Le Médecin de Cordoue, *par Herbert Le Porrier*
P397. La Porte de Brandebourg, *par Anita Brookner*
P398. Hôtel du lac, *par Anita Brookner*
P399. Replay, *par Ken Grinwood*
P400. Chesapeake, *par James A. Michener*
P401. Manuel de savoir-vivre à l'usage des rustres et des malpolis
par Pierre Desproges
P402. Le Rêve de Lucy
par Pierre Pelot et Yves Coppens (dessins de Liberatore)